Para principiantes
y cocineros expertos

CARNES

Abreviaturas

oz = onza (25-30 g)
lb = libra (475-500 g)
c.p. = cucharadita de postre (5 ml)
c.s. = cucharada sopera (15 ml)
taza (ingredientes líquidos) = 250 ml
taza (ingredientes sólidos) = varía según el ingrediente
°F = grados Fahrenheit (200 °F = 95 °C)

Nota: en la mayoría de las recetas de este libro se puede sustituir el aceite de oliva por mantequilla a la hora de freír.

Traducción del alemán: Anabel Martín para Equipo de Edición S.L., Barcelona
Redacción y maquetación: Equipo de Edición S.L., Barcelona

Producción completa: Naumann & Göbel Verlagsgesellschaft mbH, Colonia
Impreso en U.S.A

ISBN 13: 978-3-625-00037-2

Para principiantes
y cocineros expertos

CARNES

NGV

Contenido

Introducción 6

Cerdo 34

Buey 76

Cordero 118

Ternera 162

Aves 200

Caza 234

Índice de recetas 254

Contenido

Introducción

Introducción

La carne

Es un alimento de gran valor que hace miles de años ya formaba parte del menú de nuestros antepasados. Con la invención del fuego, la carne cruda se convirtió en una jugosa exquisitez a la brasa. Y aún hoy seguimos preparándola de la misma manera: en una barbacoa, directamente sobre el fuego. Pero, como es natural, generaciones de cocineros han ido concibiendo nuevas formas de preparar la carne mediante la adición de especias refinadas, salsas condimentadas, picantes o cremosas, y también mediante su combinación con sabrosos ingredientes. Todo ello ha convertido la carne en un plato de primera clase.

Calidad biológica

La calidad de la carne determina de una forma muy especial su sabor. En cualquier caso, la carne que proviene de granjas ecológicas contiene menos sustancias nocivas y es más sana para el ser humano. Los animales reciben alimentos de producción biológica, sin aditivos ni fármacos. Tampoco se les maltrata mediante largos viajes en transportes inadecuados, y mueren apaciblemente y con dignidad después de una vida en condiciones lo más naturales posible. La carne no ha crecido de forma antinatural mediante un engorde con alimentos concentrados, de modo que ha retenido menos líquidos. Por ello no se encoge en la sartén y es necesario com-

prar menos cantidad. De esta manera, se relativiza el precio algo más elevado de la carne biológica.

Compra, almacenamiento, refrigeración

La carne se debe cocinar fresca, es decir, el mismo día de la compra o al día siguiente como muy tarde. En particular, la carne picada se debe utilizar de inmediato, ya que es especialmente propensa a ser atacada por bacterias y gérmenes. Durante el almacenamiento, la carne tiene que estar empaquetada higiénicamente en un recipiente hermético de plástico y a una temperatura de 8 °C (17 °F). La carne de vacuno debe haber sido desangrada de forma apropiada, con lo que su color será de un rojo amarronado mate.

Mechar, marinar, adobar

En particular las carnes magras, como la de reno, se mechan con tiras de tocino. Esto se hace insertando el tocino en la carne con una aguja de mechar, de modo que las puntas de las tiras queden asomando. Otra manera de evitar que la carne se reseque es envolverla en las lonchas de tocino.

Cuando la carne es muy grasa, como por ejemplo un asado de cerdo, se hacen cortes en la corteza en forma de rombos. Así se evita que ésta se deforme, y la grasa se desprende durante la cocción. La corteza quedará también especialmente crujiente. Cuando a la carne se le quitan la piel y los tendones hablamos de arreglar o limpiar la carne.

La carne de caza tiene a menudo un sabor muy fuerte y no es del gusto de todo el mundo. Si la marinamos, adquirirá un sabor más refinado y además disminuiremos el tiempo de cocción. Las marinadas más populares son el suero de leche y el vino tinto o blanco para la carne de caza, el vinagre para el asado de vacuno o de cerdo, y una mezcla de aceite con verduras y hierbas para cualquier tipo de parrillada. Además, las marinadas y los adobos reblandecen la carne, de modo que su cocción será rápida. Las marinadas, frías o calientes, se rocían sobre la carne y se suelen usar asimismo para preparar la salsa.

Cocer, guisar, asar al horno o a la brasa

La carne para cocer, como el pecho de vacuno o la carne para sopa, debe contener una determinada cantidad de grasa. Así, se mantendrá jugosa y la grasa proporcionará un intenso sabor a los caldos.

Para guisar la carne, ésta se debe asar primero a fuego fuerte con el aceite o la mantequilla muy caliente y, a continuación, a fuego lento o en el horno, también con lentitud.

Introducción

Los líquidos apropiados para ello son los caldos, los fondos, el vino o la leche.

Para asar un bistec o un filete se debe hacer en una sartén con grasa muy caliente, darle la vuelta y seguir asándolo a fuego lento durante 2 o 3 minutos por cada lado. Un asado se puede preparar en una cazuela o en el horno. La carne resulta particularmente jugosa y crujiente si se prepara en el horno.

La carne para hacer a la brasa debe contener bastante grasa para evitar que se seque sobre el fuego directo. Durante la cocción hay que ir untándola con una mezcla de aceite, hierbas y especias, tales como pimentón, romero, tomillo y orégano. Otro modo de evitar que se reseque es dejarla macerar en una marinada durante varios días.

La prueba de cocción

Para saber si la carne está hecha existen diversas comprobaciones: un bistec en su punto, es decir, que quede rosado por dentro, debe ceder cuando se le presiona ligeramente; con 3 o 4 minutos de cocción es suficiente. Una carne asada está hecha cuando su temperatura interior es de 70 °C/ 145 °F (usar un termómetro para carne). Un pedazo de carne bien hecha se debe poder pinchar fácilmente con un tenedor.

Trinchar

La carne que se asa con el hueso, como un costillar de cordero o una pierna de reno, queda más jugosa, y se sirve trinchada. Antes, sin embargo, se deja reposar unos minutos para que el jugo se distribuya bien por toda la pieza. A continuación, se separa la carne a lo largo del hueso con la ayuda de un cuchillo grande y se parte en lonjas haciendo cortes oblicuos a la fibra.

En el caso del costillar, los filetes se separan cuidadosamente del hueso y se trinchan.

Utensilios

Para preparar la carne de manera óptima son necesarios determinados cuchillos, cazuelas, sartenes y otros utensilios. Para cocer necesitará una cazuela grande de acero inoxidable (de entre 4 y 8 litros de capacidad), así como cazuelas más pequeñas de diferentes tamaños.

Una cazuela para guisar debe ser de hierro o aluminio fundido con una base pesada de acero inoxidable, para que recoja bien el calor y lo retenga. De esta forma se ahorra energía.

La rustidera, de acero inoxidable, debe ser lo suficientemente grande como para que quepa una pierna de cordero o un ganso entero, y adecuada tanto para usarla sobre el fuego de la cocina como en el horno. Todos los recipientes para cocinar deben tener su tapadera correspondiente.

Una sartén profunda es muy recomendable tanto para saltear brevemente un pedazo de carne como para batir una salsa.

También serán necesarias sartenes de diversos tamaños para guisar carne y verduras a la vez. Existen sartenes en diferentes materiales, desde acero inoxidable hasta esmaltadas, pasando por el titanio fundido, que son las más resistentes. Una sartén con capa antiadherente es ideal para asar carne sin necesidad de utilizar ningún tipo de grasa. Pero se deben tratar con extremo cuidado, ya que el recubrimiento se dañará si empleamos utensilios metálicos para trabajar en ella.

Para trocear huesos se necesita una hachuela afilada. El corte de la carne requiere un cuchillo grande de cocina, así como otros de menor tamaño para trocear y picar verduras. Además, deberá adquirir un tenedor para carne y un cuchillo o una aguja de mechar; el cuchillo puede servir también para arreglar la carne, es decir, limpiarla de grasa y tendones.

Para trocear aves se recomienda emplear una tijera especial o bien un cuchillo eléctrico multiuso. Con éste podrá cortar asados o jamones en lonchas muy finas.

Otros accesorios como palillos, brochetas de metal o madera, un termómetro para carne, coladores, pinceles, agujas (para cerrar las carnes rellenas) e hilo de cocina no deben faltar en una cocina.

También es importante disponer de tablas para cortar de diversos tamaños, así como de una madera para trinchar con ranura para recoger los jugos. La mayoría de las tablas de cocina están hechas de madera; sin embargo, teniendo en cuenta que se deben limpiar a menudo y a fondo, e incluso lijar de vez en cuando, el plástico resulta ser el material más práctico e higiénico (se pueden lavar en el lavavajillas) para este tipo de superficies de trabajo.

Ahumar y secar

Para conservar carnes o embutidos existen diferentes métodos. Uno de los procedimientos más antiguos es el ahumado: la carne se expone al humo de ciertas maderas para conferirle un agradable aroma y un rico sabor. Los cristales del humo –que se forman al calentar madera a temperaturas muy elevadas– se condensan en la superficie de la carne y la preservan de la descomposición.

El secado de carnes y de sus derivados se realiza mediante la deshidratación de éstos. Los microorganismos no mueren sino que se les inhibe. Cuando la carne se vuelva a hidratar, los microorganismos volverán a estar activos. La grasa de las carnes secas también puede ponerse rancia. La carne también se puede secar al aire, como en el caso del jamón serrano.

Otro método es la liofilización, mediante el cual se elimina el agua de un alimento congelado introduciéndolo en cámaras de vacío.

Salar

En la Edad Media ya se salaba la carne con sal común para conservarla. Hoy en día, se utiliza una salazón a base de sal común y sales nitrificantes (nitrito sódico). De esta manera, las carnes y los embutidos se conservan largo tiempo –además de evitar que las grasas se pongan rancias– y adquieren un bonito color rojo y un agradable aroma. No obstante, según estudios actuales parece que las sales nitrificantes tienen un efecto nocivo para la salud.

Congelar

En la era de la tecnología moderna, la congelación se ha convertido en uno de los métodos de conservación más populares en los hogares. La carne congelada se conserva hasta 1 año en un congelador. Para evitar que se reseque es imprescindible utilizar recipientes o bolsas de congelación apropiadas.

Valores nutricionales

Las carnes y sus derivados tienen un alto contenido de proteínas y de grasa. La proporción de nutrientes varía con cada animal.

Los menudillos contienen la mayor parte de proteínas, vitaminas B y hierro.

La carne de buey contiene mucho potasio, cinc, vitamina B y hierro, además de muchas grasas saturadas, proteínas y colesterol. La carne de ternera es menos grasa, pero tiene más colesterol.

En la carne de cerdo se encuentran asimismo muchas proteínas, hierro, magnesio y vitaminas B. El contenido de grasa depende de cada pieza del animal.

También la carne de cordero contiene muchas proteínas, cinc, vitaminas B, hierro, potasio y fósforo.

La carne de conejo y de caza es parecida a la de pollo: muy magra y a la vez rica en proteínas, potasio, calcio y hierro.

Los diferentes tipos y piezas de carne de cerdo, vacuno, ternera, cordero, aves y caza los presentamos en detalle en las páginas que vienen a continuación.

2

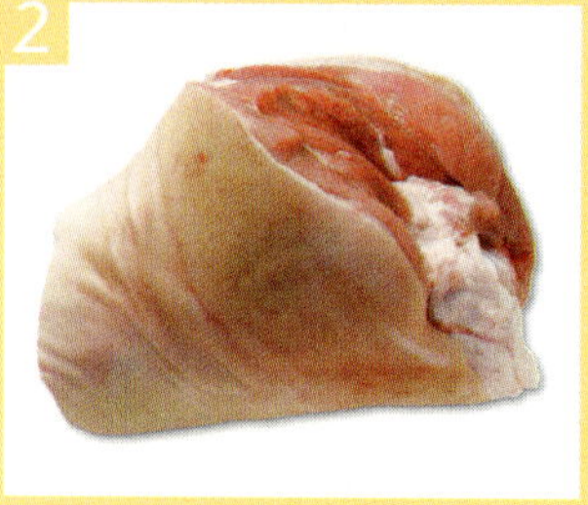

3

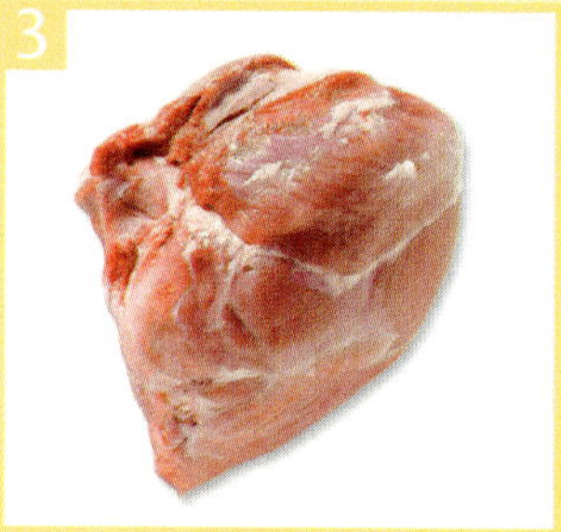

4

Maza trasera 1

La pierna es la parte más pesada del cerdo que se utiliza en la cocina. Constituye aproximadamente el 25% del peso total del animal. La pierna se puede curar con sal, cocer, ahumar o secar. Con ella se preparan sobre todo especialidades de jamón.

Codillo o jarrete 2

Es una parte de la pierna (delantera o trasera) del cerdo. Contiene mucho hueso y gelatina y está cubierta de una abultada capa de grasa. El jarrete trasero es más carnoso que el delantero. Se puede preparar asado al horno o a la brasa, pero también se cura con sal y se cocina hervido, como en el caso de uno de los platos típicos de La Mancha.

1

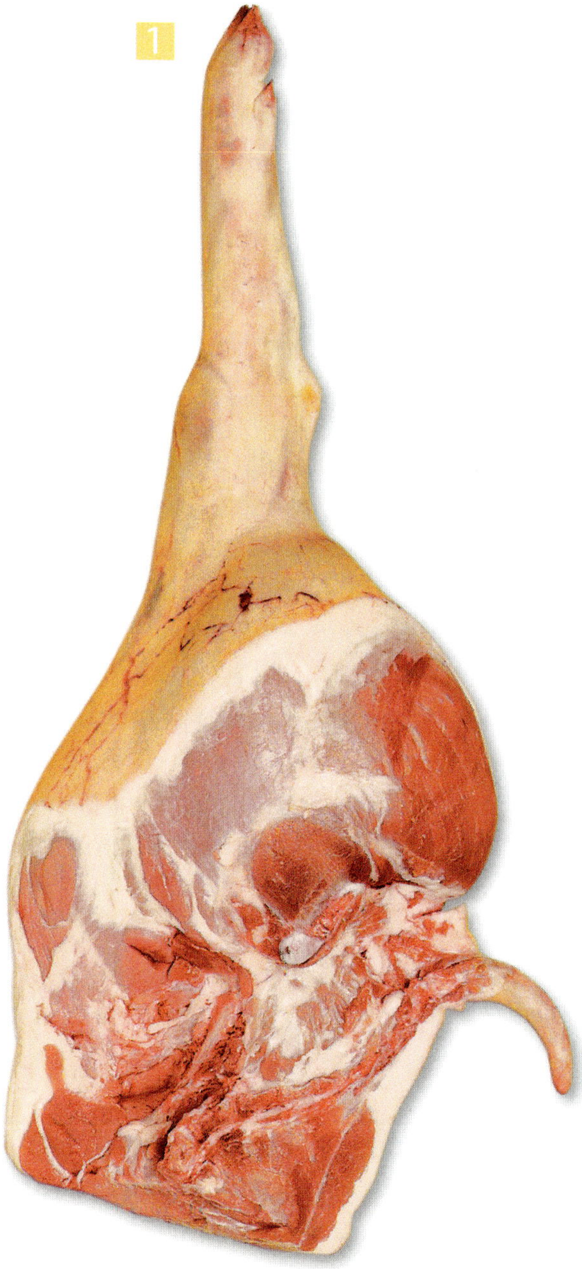

Babilla 3

La babilla del cerdo es una pieza que se encuentra bajo el solomillo, en la pierna trasera del animal. Esta carne de alta calidad es muy magra y no tiene hueso, por lo que se utiliza preferentemente para hacerla a la brasa o en *fondues* de carne. Curada o ahumada, se comercializa como jamón.

Cadera 4

La cadera del cerdo forma parte del cuarto delantero. Se sala con la corteza y la grasa, y se vende como beicon. Sin éstas, se obtiene un pedazo de carne magro. Un asado de cadera resultará especialmente sabroso si se guisa lentamente.

Tapa 5

La tapa, así como la contratapa, forman parte de la maza trasera. La carne limpia (sin grasa, corteza y tendones) es muy magra y se usa en filetes o para hacer asados. Para filetearla se deben realizar cortes oblicuos a la fibra. Estos filetes son apropiados para asarlos de forma rápida.

Contratapa o bajo 6

Esta pieza es especialmente carnosa y también se conoce como jamón. Es adecuada para prepararla al horno y se puede cocinar con la corteza. Para ello, se deben practicar una serie de cortes sobre la corteza y procurar que quede dorada y crujiente. Esta parte del cerdo se usa también para elaborar dos modalidades del jamón: curado y cocido.

Tocino 7

Con el tocino se elabora la manteca de cerdo. Asimismo, también se utiliza para mechar carnes y se puede preparar ahumado.

5

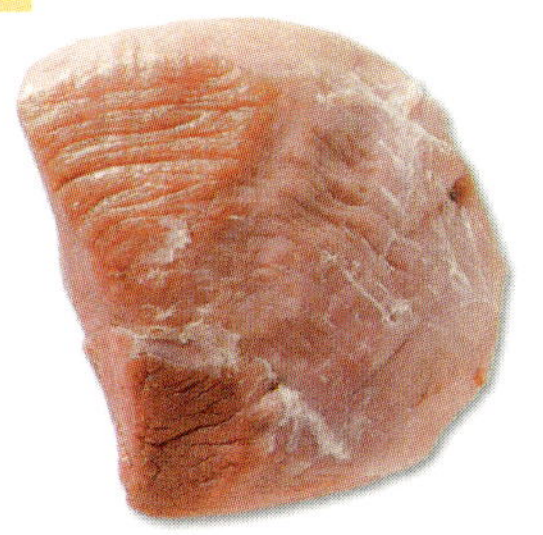

6

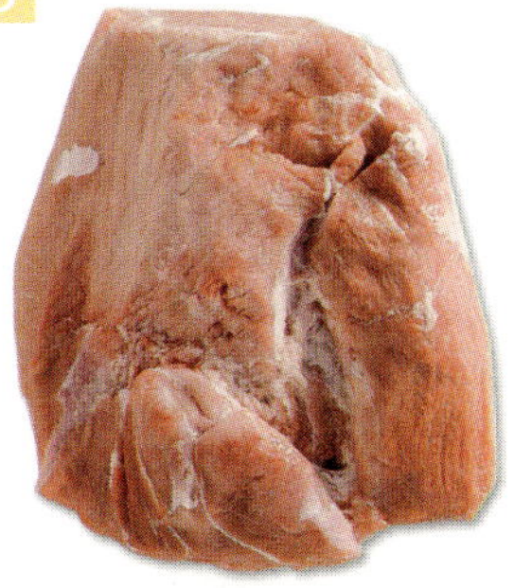

7

Cerdo

2

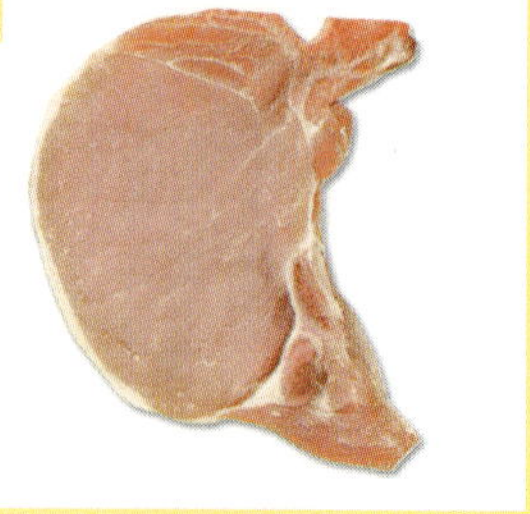

3

4

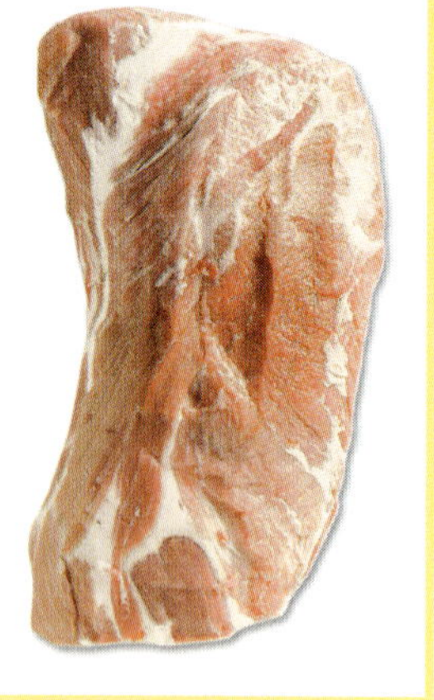

5

Costillar 1

El costillar es la pieza que recorre la columna vertebral, entre el cuello y el cuarto trasero. De esta pieza se extraen las chuletas, los filetes y los bistecs. La capa de grasa se utiliza para caldos y sopas.

Chuleta 2

Se trata de lonjas de carne con hueso extraídas del costillar. Las chuletas de cerdo de la parte delantera con la costilla adherida también se conocen como *Kasseler* y se pueden cocer o ahumar. Las de la parte trasera son las chuletas de lomo. Éstas contienen poco hueso y su carne es muy magra. Las chuletas se pueden asar, hacer a la brasa, guisadas y rebozadas.

Solomilllo 3

El solomillo se extrae de la parte inferior del costillar trasero. Se trata de la carne más tierna del animal y se debe asar brevemente en la sartén. También es muy apreciada como pieza entera asada o en medallones. Asimismo, se puede utilizar para *fondues*.

1

Cuello 4

El cuello o pescuezo del cerdo es la pieza contigua al costillar, incluida la cuarta o quinta costilla. Contiene mucha grasa (10-15%) y por ello es especialmente jugosa y aromática. Así, es adecuada para hacerla a la parrilla. Se puede guisar deshuesada, y si se corta en lonjas se obtienen los bistecs. Con el hueso resultan las chuletas de cuello. El *Kasseler* se confecciona a menudo con cuello curado con sal.

Costilla 5

La costilla de cerdo proviene de la parte del pecho del animal. Es un ingrediente que suele ser básico en arroces y fideos. Además, se pueden preparar al horno o a la brasa.

Panceta 6

Esta económica pieza de carne contiene un alto porcentaje de grasa y es apropiada para prepararla curada, ahumada (beicon), asada (rellena y enrollada), a la brasa y en sopas.

Paletilla 7

La paletilla es el hombro del animal. Se trata de una carne muy fibrosa que se ofrece con o sin grasa, corteza o hueso. Se suele utilizar para preparar *gulasch.*

Espalda 8

La espalda es la pieza situada en la parte superior del costillar. La carne tierna y magra de la espalda se comercializa con el hueso o sin él; en este último caso se conoce como lomo. Es apropiada para cocinarla asada.

6

7

8

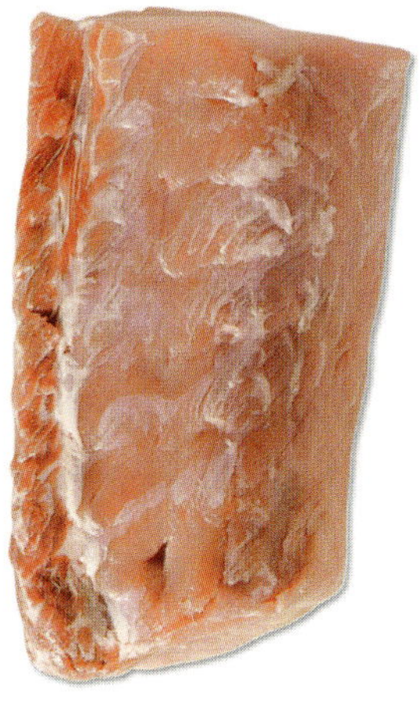

1

2
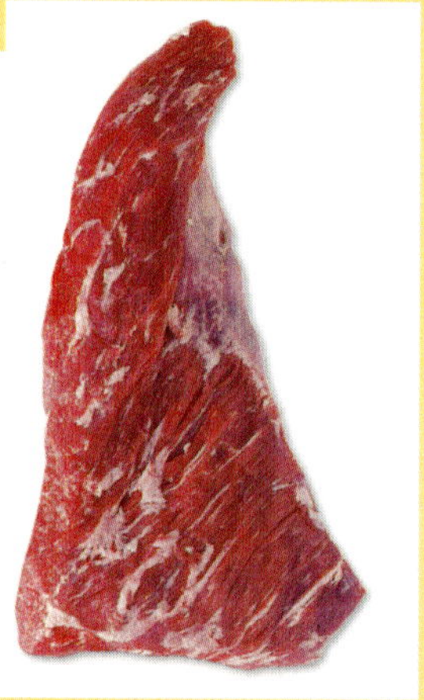

3
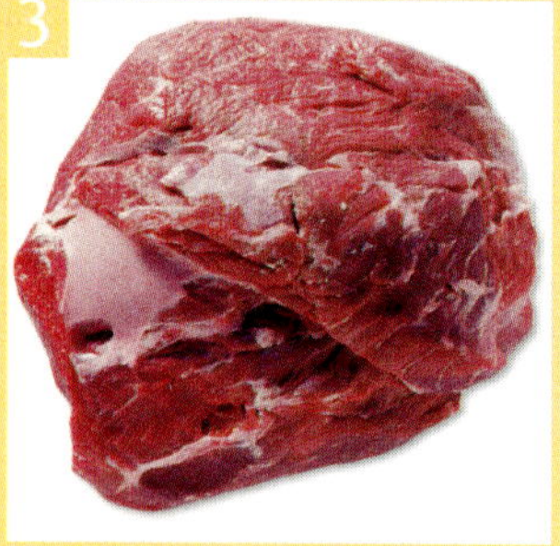

4

Huesos de mocillo 1

Se trata de los trozos del cuarto trasero, muy apropiados para cocerlos. Sobre todo los huesos con tétano, rodeados de músculos y tendones, dan mucho sabor.

Rabillo de cadera 2

Esta pieza se encuentra en la parte superior de la cadera, al lado del rabo. Es especialmente tierna y por ello apropiada para ser asada brevemente o guisada.

Cadera 3

La cadera es el pedazo de carne más apreciado y tierno de la pierna. De esta pieza se extraen los bistecs. Entera es idónea para guisarla o para marinarla en vinagre y preparar el popular *Sauerbraten* alemán.

Contratapa 4

La parte superior la forma el redondo. Se corta en lonjas y se guisa o sirve para preparar filetes para rollitos. También se utiliza para *gulasch.*

Tapa 5

Se trata de una carne especialmente magra de la parte interior de la pierna. De ella se extraen los clásicos filetes para rollitos. La carne más fibrosa de esta pieza se utiliza para *gulasch.*

Redondo 6

Se extrae de la contratapa de la cadera y se encuentra situado al lado del rabo. Se trata de una carne de gran calidad que se prepara cocida, guisada o rehogada.

5

6

7

8

Morcillo 7

El morcillo es la parte de las patas delanteras o traseras donde se encuentran las pantorrillas. Se comercializa con hueso o sin él, en cuyo caso se puede preparar rellena. Es idónea para hacerla cocida, en *gulasch* o en ragú.

Solomillo 8

Es la pieza más cara y más valiosa del animal. Se extrae de las costillas del lomo y se comercializa entera o en pedazos. De la parte superior del solomillo se cortan medallones de solomillo y de la inferior, bistecs. La pieza doble de la parte ancha del solomillo se conoce con el nombre de Chateaubriand. Se suele asar en una pieza de unos 500 g (1 libra). La punta del solomillo se suele utilizar para preparar el *tournedos* o el *filet mignon*.

Vacuno

1

2
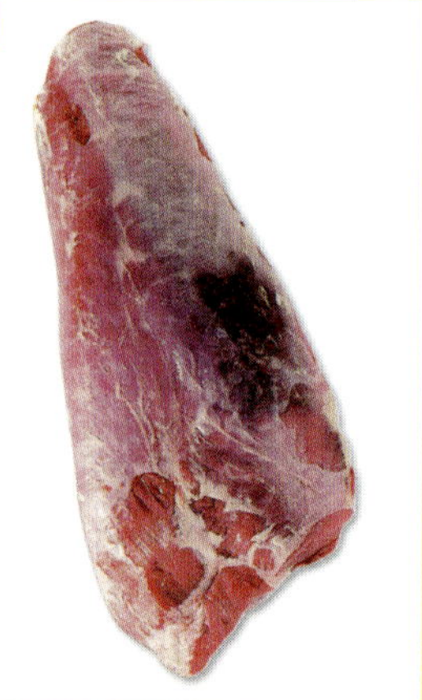

3
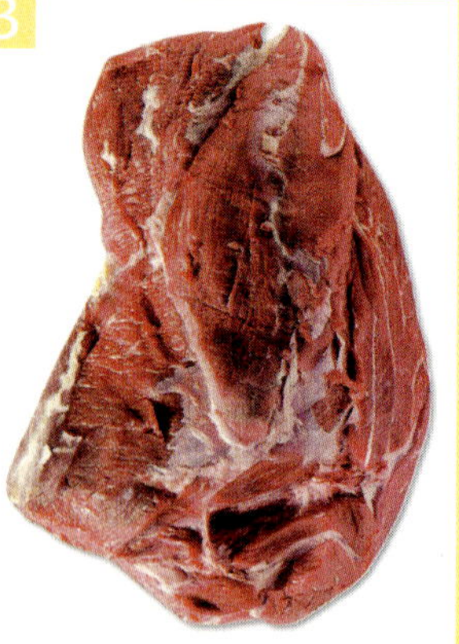

4
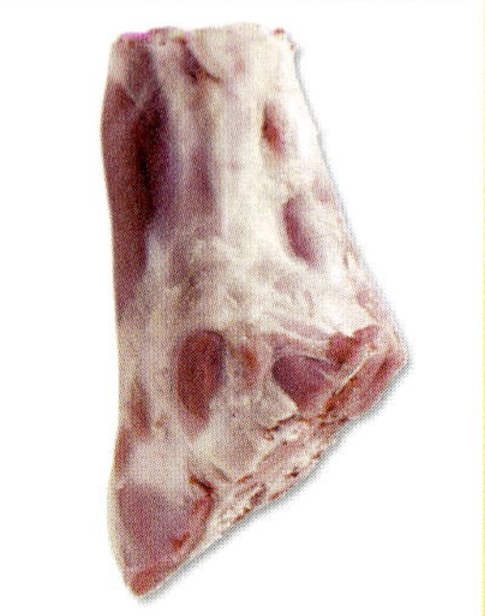

Lomo 1

Se trata de una parte del cuarto posterior, que une el solomillo con la costilla superior. También se le conoce como *roastbeef*. Consta del lomo alto y del lomo bajo; éste es más magro que el primero. Se comercializa en una pieza o en bistecs *(rumpsteak, entrecôte, porterhouse, t-bone)*.

Filete de pobre 2

Esta pieza es apropiada para cocinarla guisada, cocida o asada. También se utiliza para preparar el popular filete a la tártara.

Espaldilla 3

Pieza del cuarto delantero situada en el hombro del animal. Se prepara guisada o asada, como *gulasch*, *Sauerbraten* o en rollitos. La tapa de la pieza se usa cocida.

Pierna delantera 4

La carne de la pierna delantera tiene muchos tendones, por lo que se prepara cocida o se usa para elaborar embutido.

Rabo de buey 5

Esta carne tiene un sabor muy intenso. Se prepara cocida en sopas o guisada en ragús. No se hace diferencia entre el rabo del animal macho y el de la hembra.

Costilla con pecho 6

Esta pieza grasa del cuarto delantero se utiliza para preparar sopas. La carne del pecho también se suele usar cocida.

Cuello 7

La carne deshuesada del cuello se utiliza cocida y guisada. Cortada en dados es también apropiada para *gulasch.*

Hígado y riñones 8

Los menudillos, si están bien preparados, son una auténtica exquisitez. Ponga el hígado en leche antes de asarlo para suavizar su fuerte sabor. Ponga los riñones en remojo antes de cocinarlos. Éstos se pueden preparar asados, a la brasa o guisados.

5
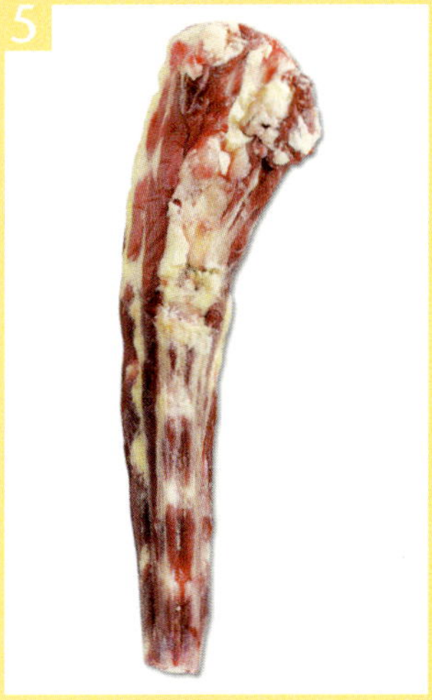

6
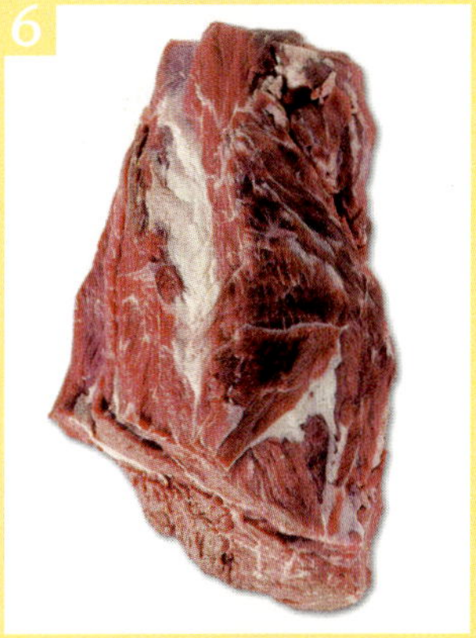

7

8

Ternera

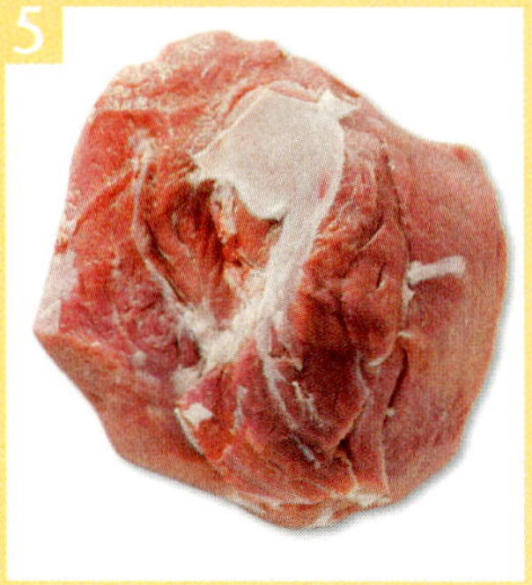

Pierna 1

La pierna es la pieza más grande del cuarto trasero de la ternera. Se compone del *ossobuco,* la babilla, la tapa, la contratapa, la cadera y el solomillo.

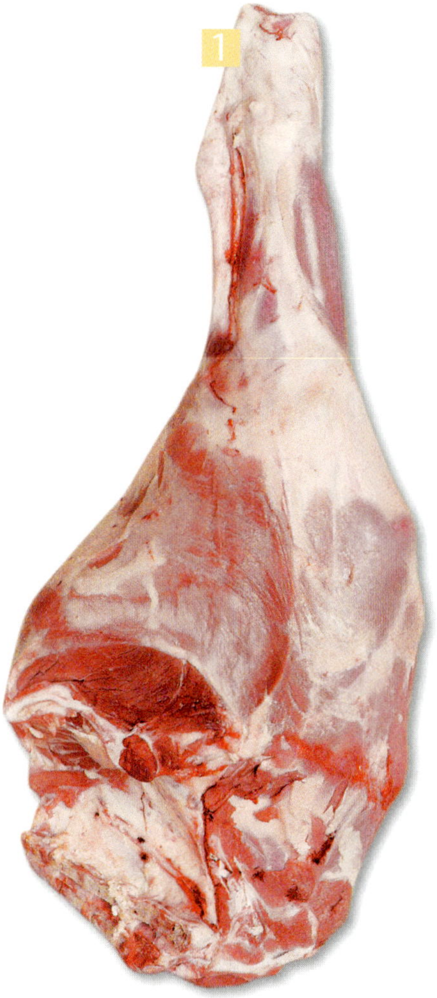

Ossobuco 2

Forma parte del cuarto trasero. Se corta en rodajas. El tétano de los huesos confiere un sabor muy especial a los platos.

Babilla 3

Carne tierna y jugosa de color rosa pálido. Ideal para asar y para cortar en filetes pequeños *(piccata milanese).*

Rabillo de cadera 4

Pedazo magro que se comercializa deshuesado y en una pieza. Resulta apropiado para *gulasch* y *Sauerbraten*, así como para guisar en una pieza o también en dados.

Cadera 5

Pieza fibrosa y tierna. Se prepara entera, ya sea mechada, guisada o asada. Si está troceada se debe asar brevemente.

Contratapa 6

Carne tierna ideal para asarla rápidamente, guisarla o picarla.

Lengua 7

Los sibaritas la aprecian como un bocado muy exquisito. La lengua de ternera es más pequeña y con un sabor más suave que la del animal adulto. Se prepara cocida, salada o ahumada. La piel se retira una vez cocinada.

Tapa 8

Carne muy tierna y magra de la parte superior de la pierna. Los pequeños trozos de grasa que contiene se deben retirar antes de cocinarla. Se utiliza para escalopas y rollitos. Entera resulta un asado delicioso.

Redondo 9

Pieza de la cadera. Apropiado para cocer y guisar.

Morcillo 10

Se trata de la parte inferior de los cuartos traseros y delanteros. La carne del morcillo trasero es más carnosa que la del delantero. Se debe cocinar lentamente, ya que posee mucha fibra y mucho tejido conjuntivo. Esta pieza se prepara entera, ya sea asada o al horno.

6

7
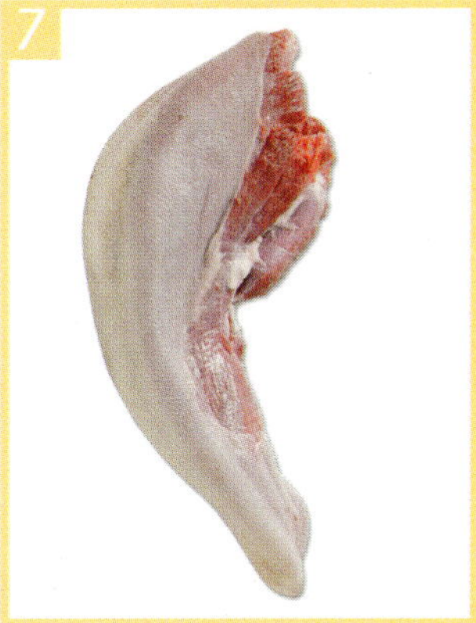

8

9

10

Ternera

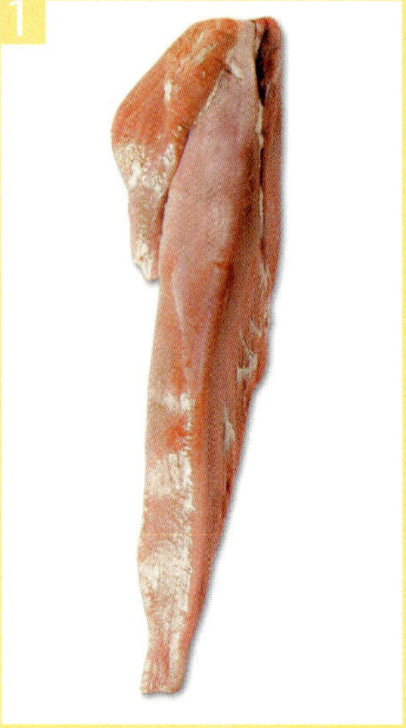
1

Solomillo 1

Es la carne más cara de la ternera. Se corta en lonjas gruesas y se asa brevemente.

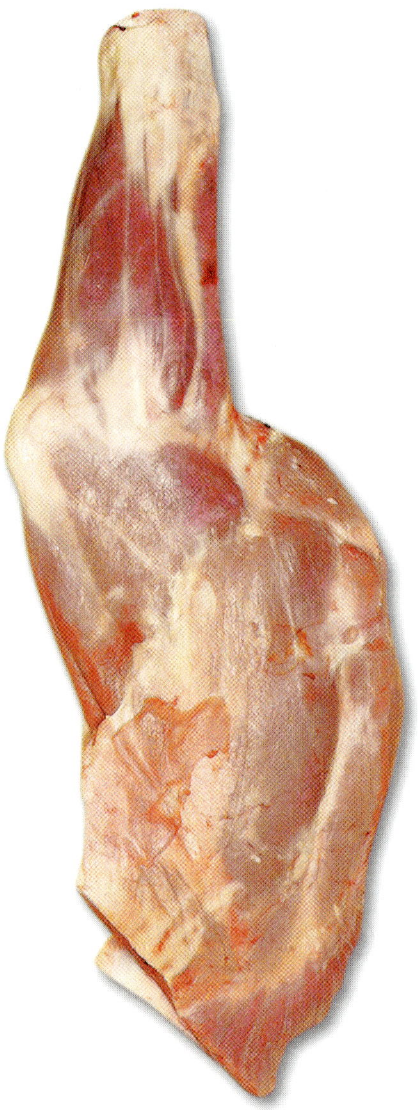
3

Lomo 2

2

Se trata de la carne de la parte superior del costillar, también conocida como *roastbeef.* Entera se prepara asada, y en filetes se saltea brevemente.

Paletilla o espaldilla 3

La paletilla es el hombro del animal y se divide en tres partes: el cantero, la rana y el pez. Esta pieza se utiliza entera para asados, pero también se puede filetear.

Filete de pobre 4

4

Esta pieza es el músculo exterior del hombro del animal. Su carne es tierna y jugosa, ideal para sopas o guisos como el *gulasch* y el *Sauerbraten.*

Espalda inferior 5

Pieza situada bajo el omóplato. Se comercializa entera, ya sea para guisar o para asar.

Falda 6

Carne con una gran cantidad de grasa y tejido conjuntivo. Se puede cocer o guisar con el hueso. Deshuesada es idónea para rellenar y asar. Requiere mucho tiempo de cocción.

Riñones 7

Los riñones de ternera se componen de varias partes. En los animales jóvenes resultan muy tiernos y aromáticos. Antes de cocinarlos hay que ponerlos en remojo en agua con sal durante 2 horas como mínimo.

Espalda

La espalda pertenece al cuarto trasero del animal. La carne es magra y tierna. De ella se extraen los filetes o los bistecs para asar rápidamente. Entera y con el hueso constituye un asado exquisito. Si está deshuesada se prepara también asada en una pieza. Resulta especialmente deliciosa cuando el interior presenta un tono rosáceo.

Mollejas 8

Se trata de la glándula timo y se componen de dos partes. Se encuentra en la entrada del pecho, justo debajo de las vías respiratorias. Esta glándula únicamente la poseen los ejemplares jóvenes, puesto que va desapareciendo a medida que el animal se hace adulto. Las mollejas contienen muy poca grasa y son muy nutritivas y ricas en vitamina C. Resulta un manjar muy especial para hacer a la brasa (blanquear de antemano), guisadas, rehogadas o asadas brevemente.

5

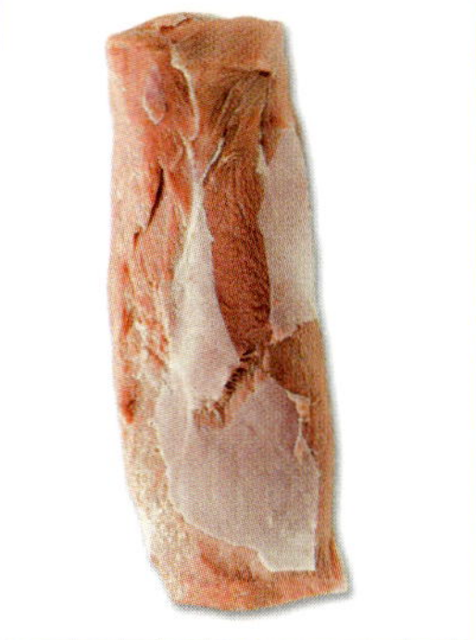

6

7

8

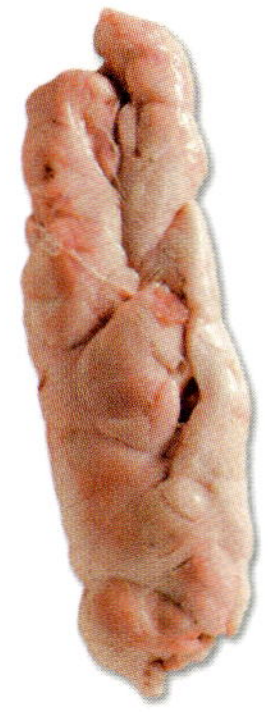

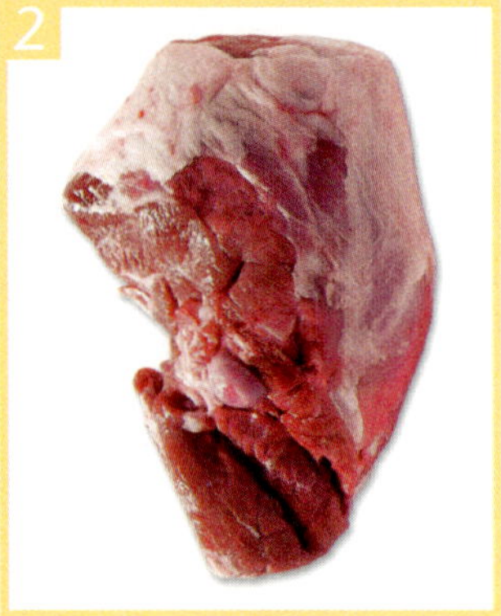

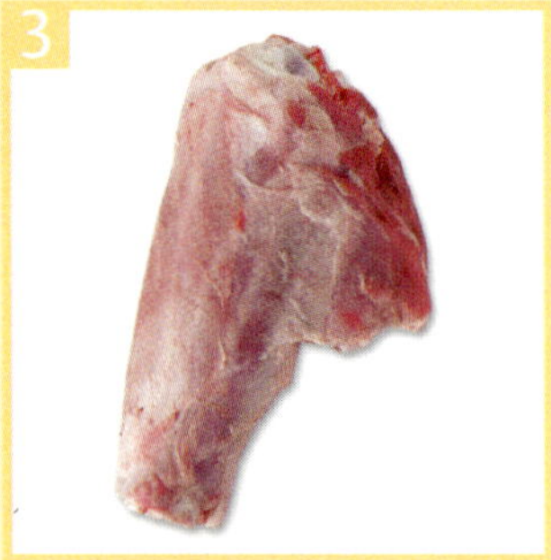

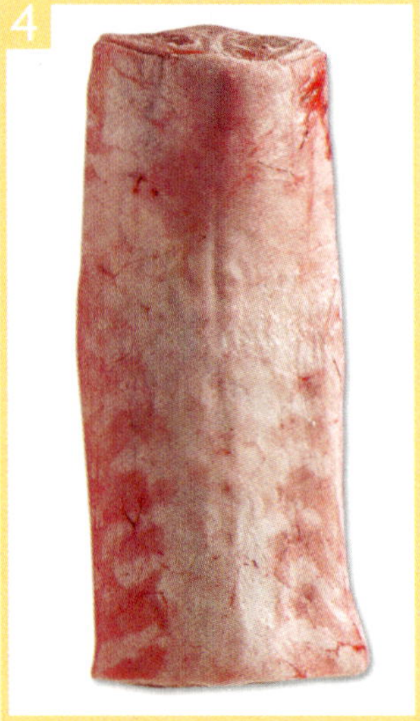

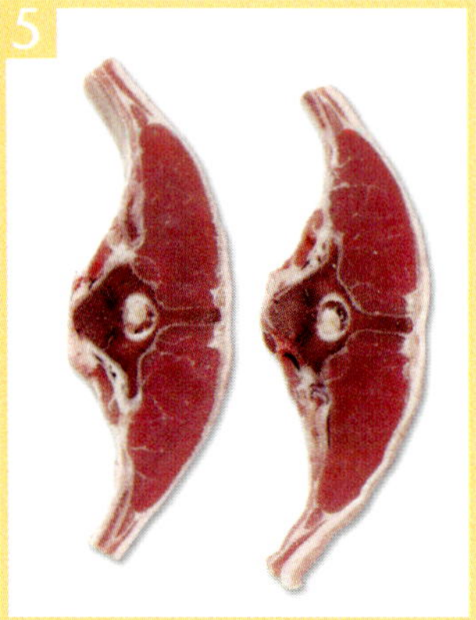

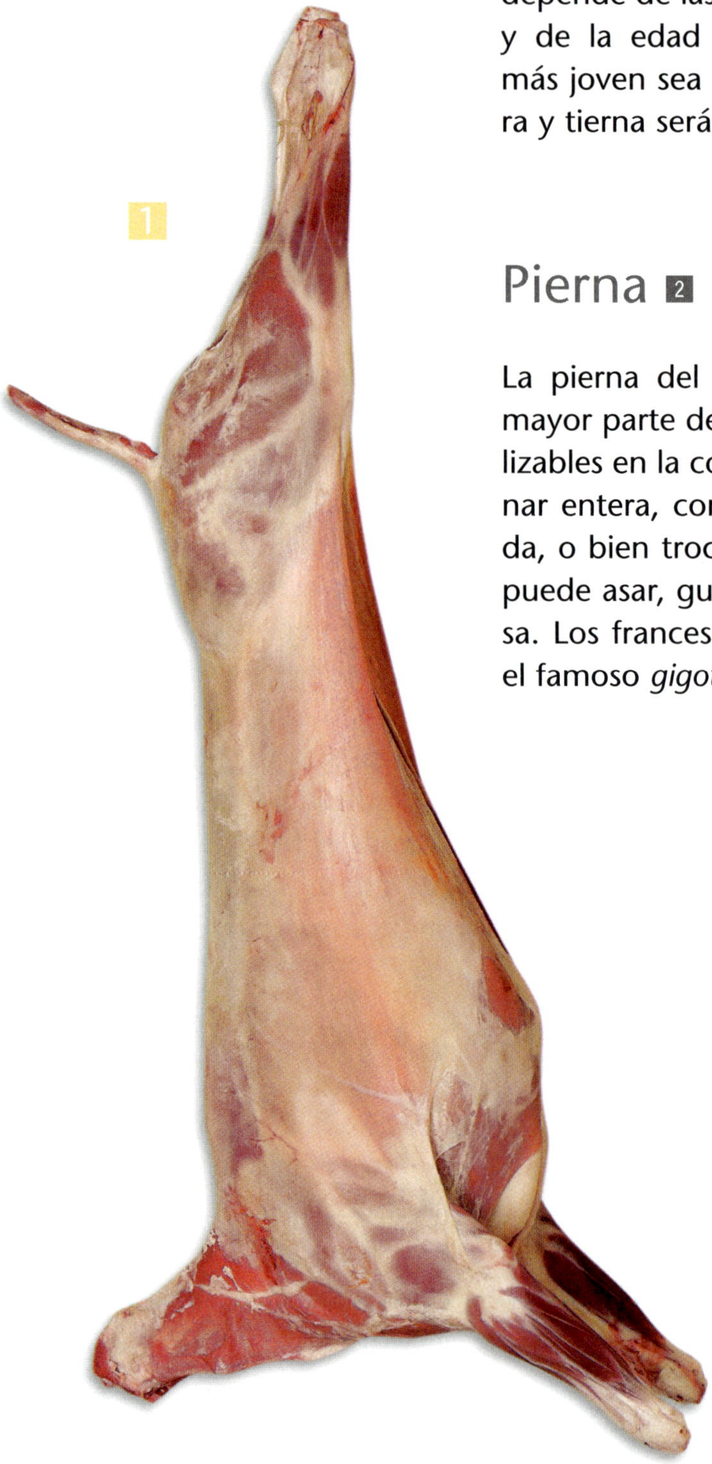

Cordero 1

El sabor de la carne de cordero depende de las condiciones de vida y de la edad del animal. Cuanto más joven sea el ejemplar, más clara y tierna será la carne.

Pierna 2

La pierna del cordero contiene la mayor parte de piezas de carne utilizables en la cocina. Se puede cocinar entera, con hueso o deshuesada, o bien troceada o en filetes. Se puede asar, guisar o hacer a la brasa. Los franceses preparan con ella el famoso *gigot.*

Jarrete 3

El jarrete es la parte inferior de la pierna, que está unida al hombro del animal. La carne es magra, muy jugosa y de sabor especialmente agradable. El jarrete de cordero se suele preparar asado o guisado al horno, entero y con el hueso.

Costillar 4

Se puede guisar entero con el hueso. Troceado se obtienen las apreciadas chuletas de cordero, especialmente ricas si se marinan con hierbas y se asan a la brasa.

Chuletas 5

Se extraen del lomo del cordero. Las chuletas son muy apropiadas para asarlas de forma rápida en la sartén o a la brasa.

Solomillo 6

Se extrae del costillar. La carne es fina y magra y se asa brevemente. Antes de cocinarla se puede marinar en aceite de oliva con hierbas.

Espalda 7

Se trata de una pieza pequeña del animal. Deshuesada se usa para rellenar. Entera y con hueso se prepara asada o guisada. Si se trocea en dados, se utiliza para ragús o para el curry de cordero indio.

Lengua 8

Un bocado exquisito de especial calidad. Se suele preparar cocida, pero también se puede curar con sal.

Hígado 9

Se puede asar brevemente en la sartén o bien guisar cortado en dados. Sazónelo después de la cocción para evitar que la carne se endurezca.

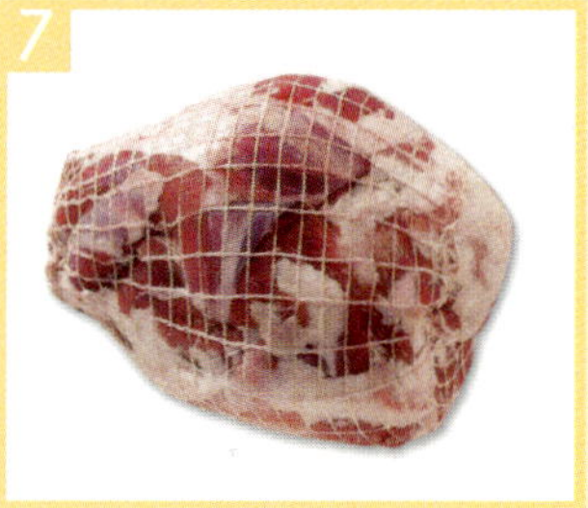

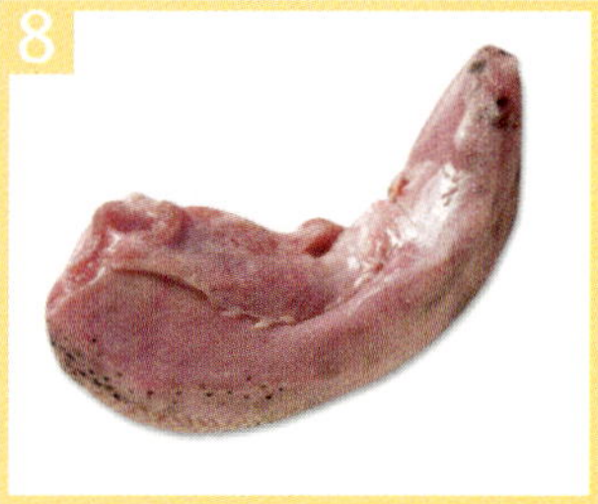

Aves

1

2

3

4

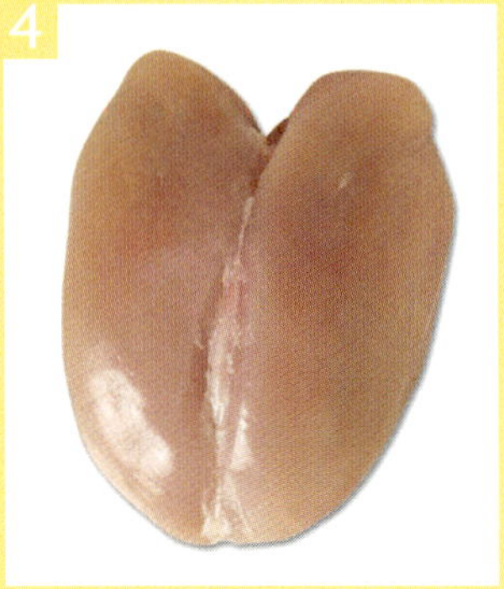

Pollo 1

El pollo es la gallina joven, que se utiliza para asar o hacer a la brasa. No se hace diferencia entre el macho y la hembra. Los sabrosos pollos de raza provienen de Francia: de Brese, Le Mans, Crève-Coeur y Faverolles. Su carne clara y rica en proteínas es muy sana y muy apreciada entre los sibaritas.

Muslo de polllo 2

El muslo con la piel se suele asar al horno o a la brasa. Su carne tiene un sabor más intenso que la de la pechuga.

Alas de pollo 3

Se separan de la pechuga y se asan en el horno o a la brasa, condimentadas con especias olorosas. También se pueden freír y acompañar con una salsa picante para mojar.

Pechuga de pollo 4

Es la carne más tierna del pollo. Se comercializa con piel y huesos, o bien deshuesada y sin piel. En realidad se trata de pura carne de músculo. Se suele preparar a la plancha, rebozada o en dados con salsa.

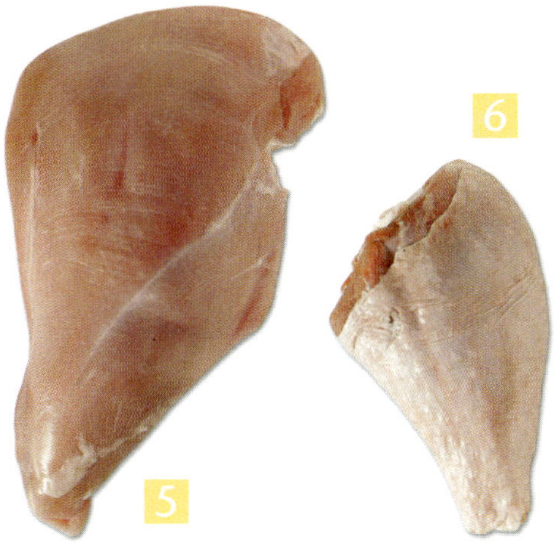

Pechuga de pavo 5

Se trata de la carne más magra y tierna del pavo. Se prepara asada en una pieza o en dados para *gulasch.* También se puede asar, dejar que se enfríe y cortarla en lonchas para bocadillos. La carne es mucho más clara que la del muslo.

Muslito inferior de pavo 6

La parte inferior del muslo se prepara entera, ya sea asada o a la brasa, al igual que la del pollo. Antes se deben retirar los tendones.

Muslo superior de pavo 7

Pieza muy carnosa con hueso. Si se deshuesa resulta muy adecuada para preparar rollitos; también es muy apreciada rellena.

Alas de pavo 8

Constan de tres partes que se suelen vender por separado. Si están deshuesadas, generalmente se preparan a la brasa.

Cuello de pavo 9

El cuello del pavo, junto con los menudillos, se utiliza para las sopas y los cocidos.

Menudillos 10

Los menudillos de las aves, como el estómago, el hígado y el corazón, se usan para preparar caldos. Cocidos y triturados dan un sabor especial a los rellenos. Véase también «Hígado de pato» en la página siguiente.

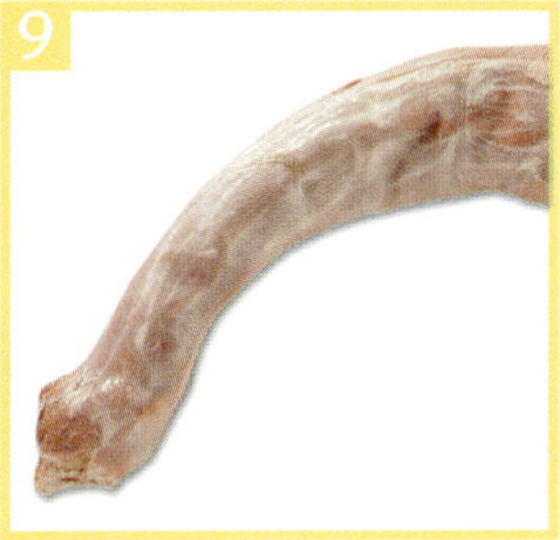

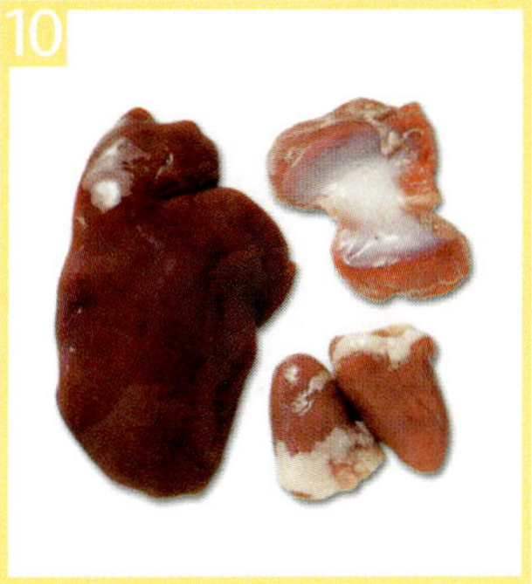

Aves

1

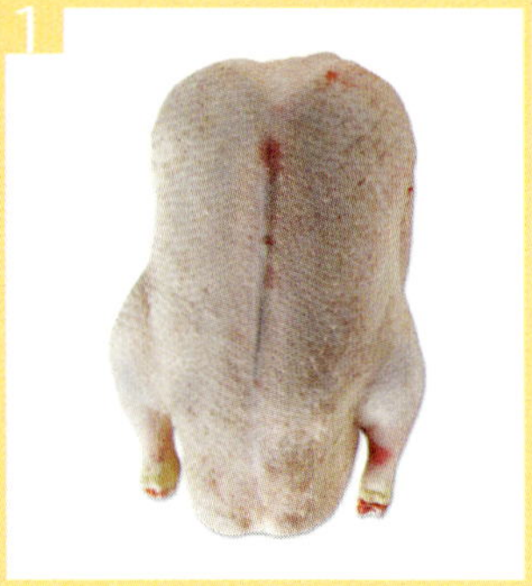

2

3

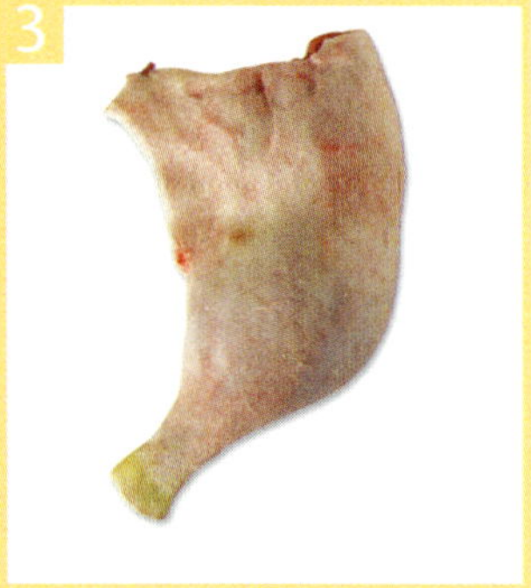

4

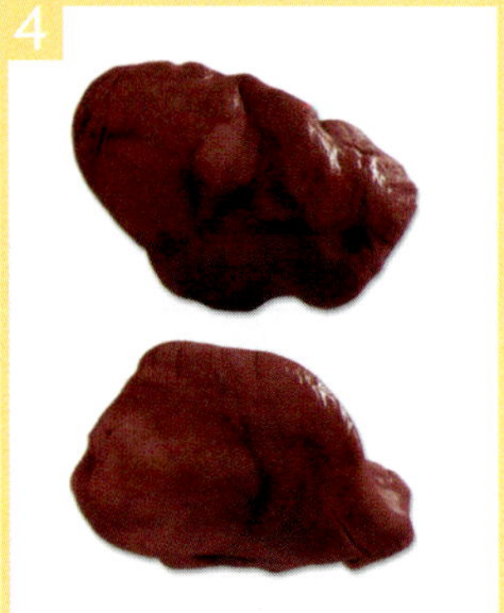

Pato 1

Los patos de granja suelen ser los más grandes y llegan a pesar hasta 3 kg (6 3/4 lb). También suelen tener más grasa que los salvajes. En la cocina francesa es común el pato de Nantes, de hasta 2 kg (4 1/2 lb). El pato se suele cocinar entero y pierde mucha grasa durante la cocción. como por ejemplo en el caso del pato a la naranja.

Pechuga de pato 2

La pechuga de pato se sirve poco hecha por dentro (de ligero color rosa) y es muy magra.

Muslo de pato 3

Al igual que el muslo de ganso, se prepara asado o a la parrilla para que se desprenda de toda la grasa.

Hígado de pato 4

Se prepara con el resto de los menudillos y con el cuello y las alas. El hígado de pato cebado es un auténtico manjar, sin embargo su elaboración (se fuerza al animal a comer con un embudo) es un tema muy controvertido.

Conejo 1

La carne del conejo salvaje es, al contrario que la de la liebre, de color rosado claro. Tiene una estructura suave y un sabor más refinado. Un conejo, ya sea de granja o salvaje, se suele cocinar entero y proporciona dos o tres raciones.

1

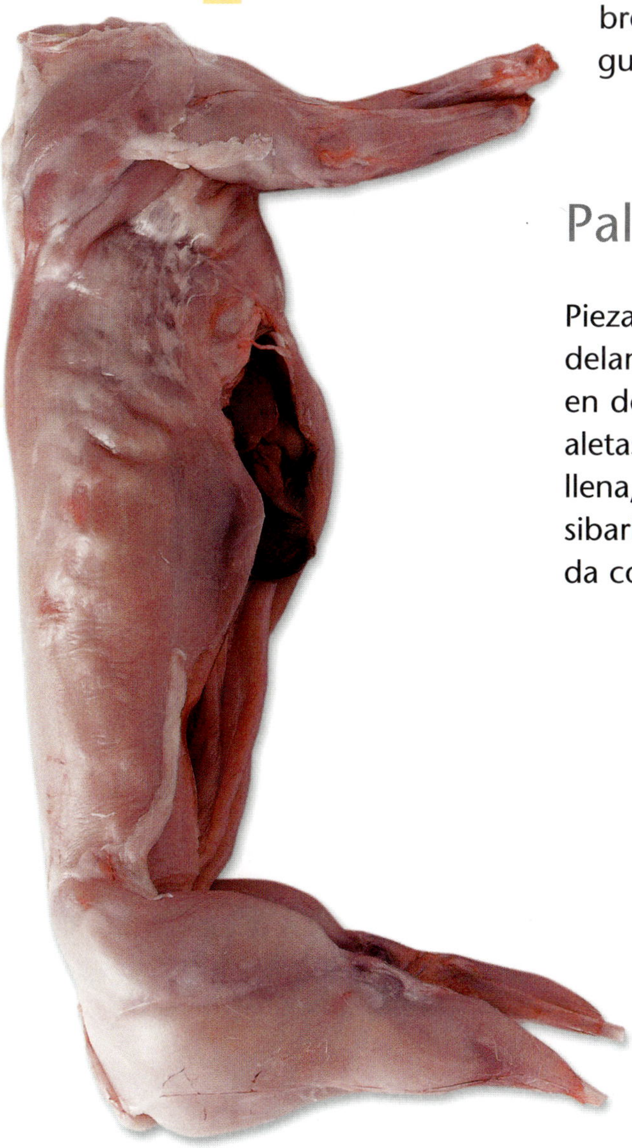

Pierna de conejo 2

La pierna de conejo salvaje es blanca y tierna, pero tiene un sabor más aromática que la del conejo de granja. Es apropiada para asar, pero también para guisados. La pierna se cocina entera con el hueso.

Espalda de conejo 3

Es una de las partes más apreciadas del animal. Al igual que la de la liebre, se prepara rellena, enrollada, guisada y asada.

Paletilla 4

Pieza que forma parte del cuarto delantero. Se comercializa entera o en dos trozos. Cuando contiene las aletas del vientre se puede asar rellena, enrollada o atada. Los grandes sibaritas la prefieren degustar guisada con vino tinto.

2

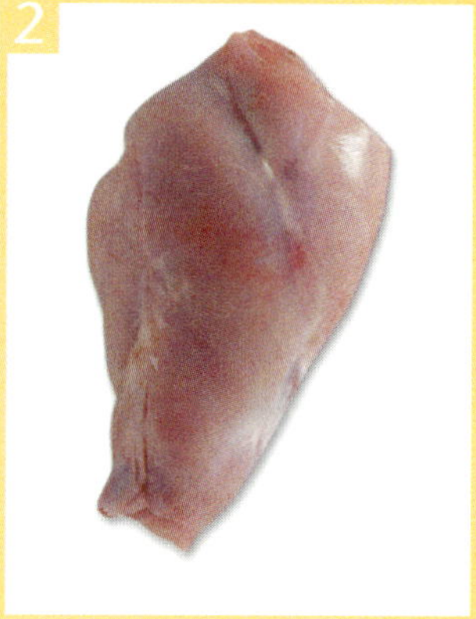

3

4

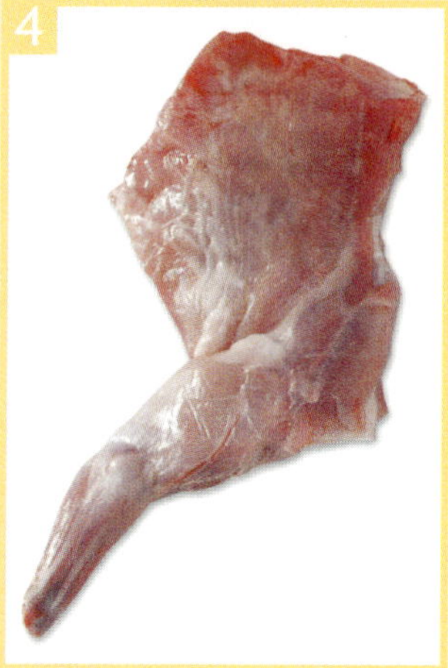

Caza

1

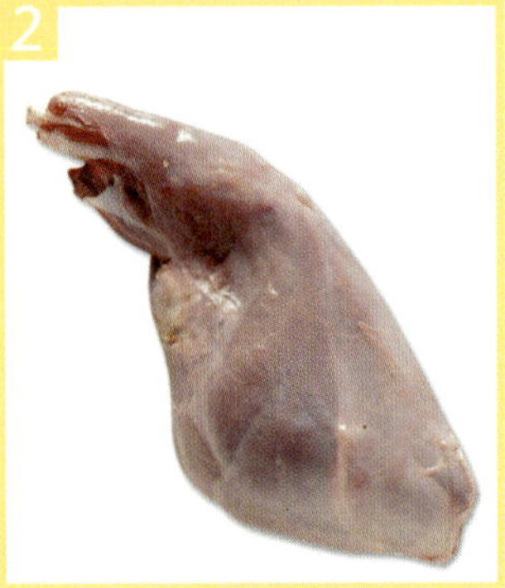

2

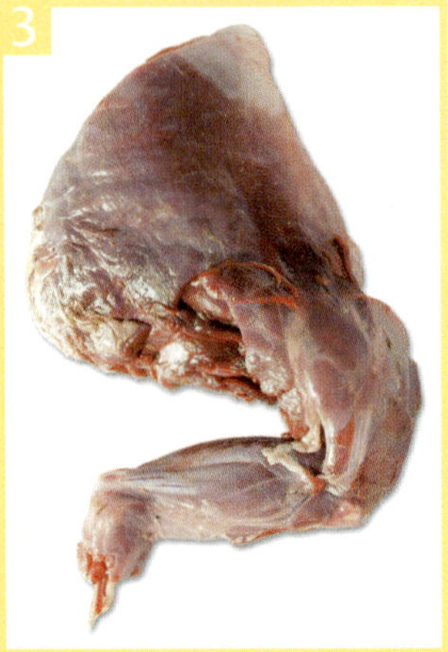

3

4

Espalda de liebre 1

La carne de liebre es oscura, de color marrón rojizo y ligeramente fibrosa. Es muy jugosa y tiene un sabor intenso a caza. Si no le gusta este sabor, puede marinarla en suero de leche antes de cocinarla. La espalda es la pieza más refinada de la liebre. Se asa entera o se corta en medallones, que se asan brevemente. Los filetes están adheridos al arco del costillar. La mejor carne es la de los animales jóvenes (entre 8 y 10 meses de edad).

Pierna de liebre 2

Junto con la espalda es una de las piezas más apreciadas. Se suele preparar asada. Antes de cocinarla se le debe quitar toda la grasa que esté a la vista. Una pierna deshuesada puede quedar muy sabrosa si se rellena con manzana o castañas.

Espalda de liebre 3

Es una de las piezas de menor valor. Se prepara en ragú junto con el cuello, las patas delanteras y los menudillos.

Jarrete de reno 4

La carne de reno es de color marrón rojizo claro con fibras finas y muy jugosa. El jarrete de reno se asa entero o troceado. Antes de cocinarlo se debe quitar la piel. La mejor carne es la de los ejemplares de 2 años de edad.

Espalda de reno

Se suele ofrecer con el hueso. Se puede asar entera o extraer los filetes de los lados del costillar con la ayuda de un cuchillo afilado. Los filetes se deben asar rápidamente.

Pierna de ciervo o corzo 5

La carne de corzo es de color marrón rojizo oscuro. De la pierna se extraen los filetes para asar, pero también se puede guisar entera. El tiempo de cocción que requiere este tipo de carne es de entre 90 y 120 minutos.

Pierna de jabalí 6

La carne de jabalí es de color rojo oscuro, jugosa y muy aromática. Se prepara como la pierna de cerdo. Se puede asar o guisar con hueso o deshuesada, o bien se puede trocear para *gulasch*.

Asado de jabalí 7

Para preparar un asado de jabalí se pueden utilizar diversas piezas del animal. La mejor carne es la de la espalda, que se asa entera. Aunque también resultan muy sabrosos los asados de carne de la tapa y de la contratapa.

Cadera de jabalí 8

Carne de buena calidad que se asa o se guisa. Para preparar *gulasch* se corta en dados y se sirve con una salsa oscura.

5

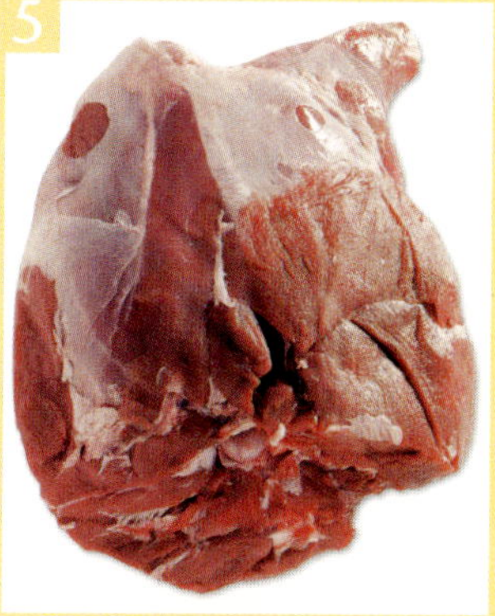

6

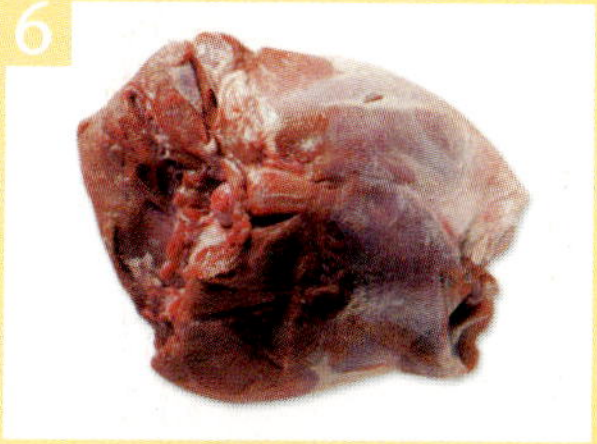

7

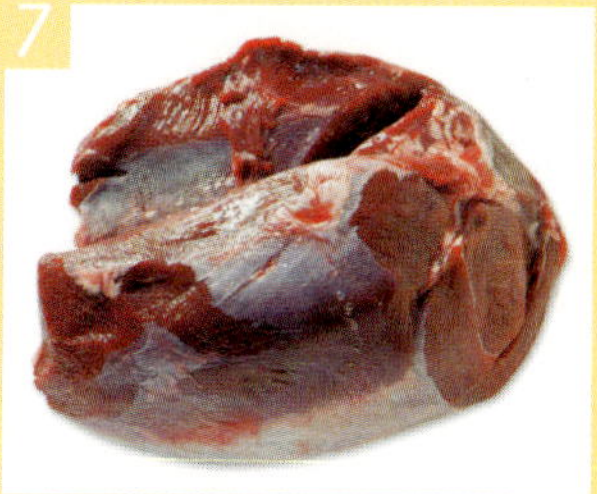

8

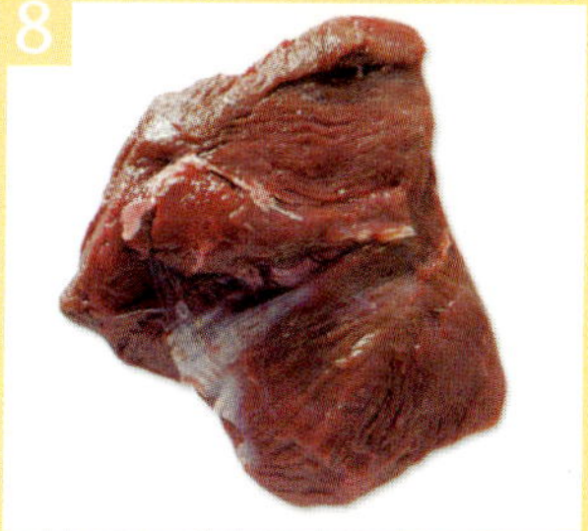

Cerdo

Cerdo

Solomillo de cerdo con hinojo

Para 4 personas

400 g (14 oz) de solomillo de cerdo

1 bulbo de hinojo grande

2-3 c.s. de aceite de oliva

2 c.s. de sambuca (anisete italiano de intenso sabor)

75 g (2 1/2 oz) de gorgonzola

2 c.s de nata para montar

1 c.s. de salvia recién picada

1 c.s. de tomillo recién picado

Sal

Pimienta

Tiempo de preparación:
15 minutos aprox.
(más el tiempo de cocción)
Por ración: 202 kcal/846 kJ
27 g P, 10 g G, 2 g HC

Lave la carne, séquela y córtela en lonchas de 3 mm de grosor. Ponga las lonchas entre dos hojas de film transparente y golpéelas para que queden finas.

Limpie el hinojo, lávelo y córtelo en láminas. Reserve las hojas.

Ase la carne por tandas en 2 cucharadas de aceite durante 2 o 3 minutos hasta que estén hechas. Resérvelas calientes.

Vierta el sambuca en la sartén y lleve a ebullición, a fuego moderado, sin dejar de remover. Incorpore el hinojo y siga cociendo otros 3 minutos. Sáquelo de la sartén y resérvelo caliente.

Baje el fuego al mínimo, agregue el gorgonzola y la nata líquida y remueva hasta obtener una salsa homogénea. Agregue las hierbas y salpimiente.

Distribuya la carne y el hinojo en platos individuales, vierta la salsa por encima y decore con las hojas de hinojo.

Para 4 personas

500 g (1 lb)
de solomillo de cerdo

2 ramitas de romero

5 c.s. de aceite de oliva

El zumo y la ralladura
de un limón

1 c.p. de mejorana

4 tomates

Pan de barra

Sal, pimienta

Hierbas frescas para decorar

Tiempo de preparación:
20 minutos
(más el tiempo de maceración
y de cocción)
Por ración: 312 kcal/1312 kJ
30 g P, 15 g G, 13 g HC

Canapés de solomilllo

Corte el solomillo en lonjas. Lave el romero, escúrralo y pique las hojas. Mezcle el romero picado con el aceite, el zumo y la ralladura de limón y la mejorana. Ponga la carne en esta marinada y deje macerar 1 hora.

Precaliente el horno a 225 °C (440 °F). Lave los tomates y córtelos en 16 rodajas. Corte el pan en 16 rebanadas y colóquelas sobre una placa de horno. Disponga 1 rodaja de tomate sobre cada rebanada y salpimiente.

Caliente una sartén y ase la carne con la marinada durante 30 segundos por cada lado. A continuación, salpimiéntela.

Coloque los trozos de solomillo sobre los tomates y meta los canapés en el horno a 225 °C (440 °F) entre 5 y 10 minutos. Sírvalos inmediatamente decorados con las hierbas.

Para 4 personas

600 g (1 1/4 lb) de champiñones de campo

1 cebolla grande

1 manzana

Aceite de oliva

3 c.s. de calvados (aguardiente de sidra)

Sal

Pimienta

4 bistecs de cerdo de 200 g (7 oz)

Salsa Worcestershire

3 c.s. de nata fresca espesa

Tiempo de preparación:
10 minutos aprox.
(más el tiempo de cocción)
Por ración: 353 kcal/1481 kJ
59 g P, 9 g G, 6 g HC

INFORMACIÓN

Los champiñones de campo son fáciles de reconocer; a diferencia de los champiñones de cultivo las láminas de su sombrerillo son de color rosado, marrón claro o marrón oscuro.

Bistec con setas y manzana

Limpie los champiñones con papel de cocina, quíteles los pies y corte éstos en láminas; corte los sombrerillos en cuartos o en octavos según el tamaño. Pele la cebolla y córtela en dados.

Pele la manzana y rállela. Caliente aceite en una sartén y rehogue en él la cebolla. Agregue los champiñones y, a continuación, la manzana; siga rehogando. Vierta el calvados y salpimiente.

Tape y deje cocer durante 8 minutos. Entre tanto lave los bistecs, séquelos y áselos unos 5 minutos. Después, salpimiéntelos. Enriquezca la mezcla de champiñones con un poco de salsa Worcerstershire y la nata fresca y sírvala con la carne. Acompañe este plato con patatas.

Escalopas en salsa de chocolate

Caliente 2 cucharadas de aceite en una sartén y ase los filetes por ambos lados durante 8 minutos hasta que estén hechos y ligeramente dorados. Retírelos de la sartén, salpimiéntelos y resérvelos calientes.

Limpie las verduras, lávelas y córtelas en dados pequeños. Caliente el resto del aceite en la sartén y rehogue las verduras en él unos 5 minutos.

Añada la harina a las verduras y deje que espese removiendo constantemente. En una cazuela, mezcle el vinagre y el azúcar con el caldo y caliéntelo. Agregue el chocolate troceado y deje que se funda sin dejar de remover.

Vierta la mezcla sobre las verduras y déjelas cocer a fuego lento otros 8 minutos. Incorpore la carne y siga cociendo 5 minutos más. Sirva en platos individuales y acompañe con tallarines.

Para 4 personas

6 c.s. de aceite de oliva

4 filetes de cerdo de 600 g aprox. (1 1/4 lb)

Sal

Pimienta

1 cebolla

1 zanahoria

1 tallo de apio

1 c.s. de harina

50 ml de vinagre de vino

1 c.p. de azúcar

200 ml de caldo de carne

100 g (3 1/2 oz) de chocolate negro

Tiempo de preparación:
20 minutos aprox.
(más el tiempo de cocción)
Por ración: 390 kcal/1648 kJ
36 g P, 20 g G, 15 g HC

SUGERENCIA

En lugar de filetes de cerdo también puede utilizar filetes de ternera.

Cerdo

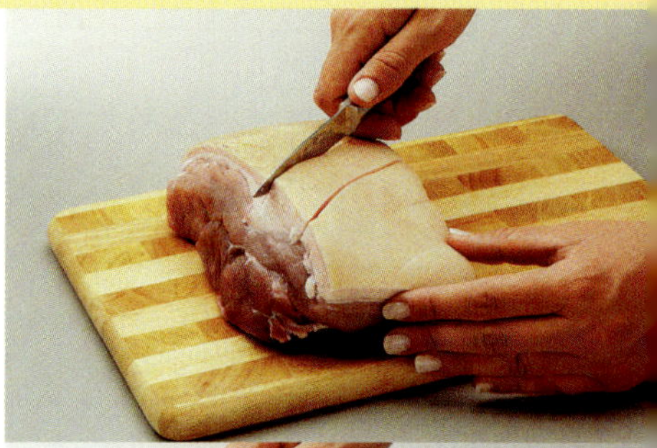

Jamón de Praga

Para 4 personas

300 g (11 oz) de zanahorias
200 g (7 oz) de apio
1 puerro
3 cebollas
1 1/4 kg (2 3/4 lb) de cerdo con corteza para hacer asado
Sal, pimienta
3 c.s. de aceite de oliva
1 hoja de laurel
3 clavos de olor
1/2 c.p. de tomillo
1/2 c.p. de romero
500 ml de caldo de carne
4 c.s. de miel
1 c.s. de mostaza
125 ml de cerveza
30 g (1 oz) de mantequilla

Tiempo de preparación:
30 minutos
(más el tiempo de cocción)
Por ración: 463 kcal/1943 kJ
67 g P, 17 g G, 7 g HC

Limpie las zanahorias y el apio, pélelos y córtelos en dados. Limpie el puerro, lávelo bien y córtelo en aros. Pele las cebollas y píquelas. Frote la carne con sal y pimienta. Con un cuchillo practique cortes en forma de cruz sobre la corteza de la pieza de cerdo.

Precaliente el horno a 200 °C (390 °F). Caliente el aceite en una rustidera y ase la carne con el lado de la corteza hacia arriba. Agregue las verduras y deje cocer durante varios minutos.

Incorpore el laurel, el clavo y las hierbas a la carne y vierta el caldo. Hornee durante unas 2 horas.

Entre tanto mezcle la miel con la mostaza y la cerveza. Tras 1 hora de cocción unte la corteza con la mezcla. Repita esta operación varias veces; vierta líquido si fuera necesario.

Saque el asado de la rustidera y pase la salsa por un chino o tritúrela. Incorpore ahora la mantequilla en copos y deje que hierva. Sazone y sirva con el jamón de Praga. Acompañe con *Knödel* (albóndigas de pan o patatas) y con verduras.

Cuello de cerdo cocido

Para 4 personas

800 g (1 3/4 lb) de cuello de cerdo curado

2 cebollas

2 hojas de laurel

4 clavos de olor

1 diente de ajo

4 granos de pimienta de Jamaica

6 granos de pimienta

Tiempo de preparación:
10 minutos aprox.
(más el tiempo de cocción)
Por ración: 360 kcal/1512 kJ
40 g P, 22 g G, 2 g HC

Limpie el cuello, enjuáguelo brevemente y séquelo con papel de cocina. Caliente agua en una cazuela grande y ponga dentro la carne. Pele las cebollas, pinche el laurel y el clavo en ellas e incorpórelas.

Pele el ajo y píquelo. Machaque los granos de pimienta con un tenedor y agréguelos a la cazuela junto con el ajo.

Lleve el agua a ebullición y deje cocer a fuego lento durante 1 1/2 hora, aproximadamente. Corte la carne en rodajas y sirva con col o *choucroute* (col fermentada). Acompañe con patatas cocidas con perejil.

Para 4 personas

3-4 puerros
Aceite de oliva
100 ml de caldo de verduras
20 g ($^3/_4$ oz) de mantequilla
2 c.s. de harina
100 g (3 $^1/_2$ oz) de emmental rallado
Sal
Pimienta
Nuez moscada
300 g (11 oz) de colmenillas
750 g (1 $^3/_4$ lb) de solomillo de cerdo
4 lonchas de beicon

Tiempo de preparación:
15 minutos aprox.
(más el tiempo de cocción)
Por ración: 443 kcal/1859 kJ
58 g P, 22 g G, 5 g HC

Solomillo con colmenillas

Limpie el puerro, lávelo y córtelo en trozos de 10 cm. A continuación, saltéelos con aceite. Vierta el caldo de verduras y deje cocer durante 15 minutos. Precaliente el horno a 200 °C (390 °F).

Ponga el puerro en un molde refractario. Confeccione un *roux* con la mantequilla y la harina, vierta dentro el caldo de cocción del puerro y remueva hasta obtener una salsa. Incorpore el queso y condimente con sal, pimienta y nuez moscada.

Limpie las setas con papel de cocina, trocéelas y rehóguelas en aceite; a continuación, agréguelas al puerro. Vierta la salsa por encima y meta en el horno durante 20 minutos.

Lave la carne, séquela y envuélvala en las lonchas de beicon. Ásela durante 8 minutos. Salpimiente y deje reposar unos 10 minutos. Córtela en lonjas gruesas, dispóngala con las verduras y sirva.

Farditos de lechuga

Para 4 personas

500 g (1 lb) de filete de cerdo

1 trozo de jengibre fresco de 5 cm aprox.

1 c.s. de salsa de pescado

1 manojo de cebolletas

8 hojas de lechuga romana

1 pepino

1 guindilla verde

3 c.s. de menta recién picada

3 c.s. de hojas de cilantro recién picado

2 c.p. de azúcar

Tiempo de preparación:
45 minutos
(más el tiempo de cocción)
Por ración: 180 kcal/754 kJ
29 g P, 4 g G, 5 g HC

SUGERENCIA

Macere en *sambal* o en un *chutney* la carne ya hecha antes de enrollarla en la lechuga.

Ponga la carne en una cazuela. Pele el jengibre, córtelo en láminas, añádalo a la carne junto con la salsa de pescado y agregue unos $^{3}/_{4}$ de litro de agua fría. Lleve a ebullición, tape y deje cocer a fuego lento durante unos 35 minutos. Saque la carne de la cazuela y déjela enfriar.

Limpie las cebolletas, lávelas y córtelas de manera que quepan en la cazuela estiradas. Blanquéelas durante 3 minutos hasta que estén tiernas. Asústelas con agua helada, escúrralas y resérvelas.

Lave las hojas de lechuga y córteles la parte dura. Lave el pepino y córtelo en dados pequeños. Lave la guindilla, pártala por la mitad, quítele las semillas y píquela.

Corte la carne todavía tibia en lonchas finas y, a continuación, en tiras delgadas. Disponga 1 cucharada de carne, un poco de pepino, de menta, de cilantro y una pizca de azúcar sobre cada hoja de lechuga. Doble los extremos de las hojas hacia adentro y confeccione pequeños fardos prietos. Parta las cebolletas por la mitad a lo largo y use cada tira para atar los fardos de lechuga. Sirva con alguna salsa para mojar o con *chutney*.

Para 4 personas

4 filetes de cerdo

Sal, pimienta

4 c.s. de harina

3 c.s. de aceite de oliva

75 ml de vino Marsala

50 ml de caldo de carne

Tiempo de preparación:
15 minutos
(más el tiempo de cocción)
Por ración: 572 kcal/2404 kJ
41 g P, 33 g G, 28 g HC

Scaloppine alla Marsala

Golpee los filetes con el puño para que queden finos. Frótelos con sal y pimienta y páselos por harina.

Caliente el aceite en una sartén y ase los filetes por ambos lados durante unos 4 minutos. Retírelos de la sartén y manténgalos calientes.

Vierta el vino y el caldo en la sartén sobre el fondo del asado y deje que reduzca un tercio. Sirva la escalopas con la salsa de Marsala.

Asado de cerdo en leche

Ponga la carne en un cuenco grande. Pele el ajo, córtelo en láminas y agréguelo a la carne. Vierta el vino por encima y deje macerar en un lugar fresco durante 48 horas.

Retire la carne de la marinada, séquela cuidadosamente con papel de cocina y espolvoréela con harina. Caliente el aceite en una rustidera grande y ase bien la carne por todos los lados.

Lave el romero y pique las hojas. Incorpórelo a la carne junto con la leche y salpimiente. Tape la rustidera y métala en el horno a 170 °C (340 °F) durante unas 2 horas.

Saque la carne de la rustidera y dispóngala en una fuente de servir. Lleve a ebullición la salsa del asado y deje que espese. Corte la carne en rodajas y sírvala con la salsa de leche.

Para 4 personas

1 kg (2 1/4 lb) de pierna de cerdo deshuesada

1 diente de ajo

500 ml de vino blanco seco

Harina para espolvorear

5 c.s. de aceite de oliva

1 ramita de romero

750 ml de leche

Sal

Pimienta

Tiempo de preparación:
20 minutos
(más el tiempo de maceración y de cocción)
Por ración: 510 kcal/2142 kJ
48 g P, 29 g G, 12 g HC

Para 4 personas

1 diente de ajo

1 cebolla

1 trozo de jengibre fresco de 4 cm aprox.

4 c.s. de *ketjap manis* (salsa de soja dulce)

Pimienta

Sal

1 col blanca pequeña de 300 g (11 oz) aprox.

600 g (1 1/4 lb) de solomillo de cerdo

200 ml de caldo de verduras

300 g (11 oz) de tomates de lata

1 c.s. de azúcar moreno

1/2 c.p. de *sambal*

1 1/2 c.p. de maizena

1 pizca de cúrcuma

Tiempo de preparación:
25 minutos aprox.
(más el tiempo de maceración y de cocción)
Por ración: 203 kcal/853 kJ
35 g P, 3 g G, 8 g HC

Babi Pangang

Pele el ajo, la cebolla y el jengibre y píquelos. Mezcle con 2 cucharadas de *ketjap manis,* sal y pimienta; reserve 1 cucharadita de jengibre. Macere la carne en esta marinada durante 1 hora.

Precaliente el horno a 220 °C (430 °F). Limpie la col, córtela en tiras, lávela y deje que escurra. Ase el solomillo en el horno a 220 °C (430 °F) durante 30 minutos.

Mezcle el caldo de verduras con los tomates, el *ketjap manis* restante, el jengibre reservado, el azúcar y el *sambal* y deje cocer unos 15 minutos. Espese la salsa con la maizena.

Condimente la col con sal y cúrcuma y mezcle bien con las manos. Disponga las lonjas de carne sobre la col y rocíe con la salsa.

Para 4 personas

2 c.s. de miel líquida

1/2 c.p. de mezcla de 5 especias chinas

El zumo y la ralladura de 1 limón no tratado

3 c.s. de vino de arroz

3 c.s. de salsa de pescado

3 dientes de ajo

2 c.s. de limoncillo picado

1-2 guindillas rojas picadas

16 costillas de cerdo con un peso total de 2 kg (4 1/2 lb) aprox.

Tiempo de preparación:
30 minutos aprox.
(más el tiempo de maceración)
Por ración: 328 kcal/1377 kJ
26 g P, 22 g G, 6 g HC

Costillas a la parrilla

Ponga la miel junto con la mezcla de 5 especias chinas, la ralladura y el zumo de limón, el vino de arroz y la salsa de pescado y remueva bien. Pele el ajo, májelo e incorpórelo.

Agregue el limoncillo y la guindilla y mezcle bien.

Ponga las costillas en la marinada y deje que maceren por lo menos durante 4 horas. Precaliente el horno a 180 °C (355 °F).

Ase las costillas sobre la parrilla del horno. Mientras se asan vaya untándolas de vez en cuando con la marinada.

Para 4 personas

1 kg (2 1/4 lb) de espalda de cochinillo con corteza

Sal

Pimienta negra

1 c.p. de pimentón dulce

1/2 c.p. de mejorana seca

4 c.s. de aceite de oliva

1 manojo de verduras para sopa

1 cebolla

1 hoja de laurel

2 clavos de olor

5 granos de pimienta

1/4 de litro de vino tinto

1 c.s. de harina

100 g (3 1/2 oz) de nata agria

1/4 c.p. de alcaravea

Tiempo de preparación:
25 minutos
(más el tiempo de cocción)
Por ración: 510 kcal/2142 kJ
55 g P, 29 g G, 6 g HC

Espalda de cochinillo

Haga cortes sobre la corteza de la carne. Mezcle la sal con la pimienta, el pimentón y la mejorana y frote la carne con esta mezcla.

Caliente el aceite en una rustidera y ase bien el cochinillo por todos los lados durante unos 15 minutos. Limpie las verduras para sopa, lávelas y píquelas. Pele la cebolla, pártala por la mitad e inserte 1/2 hoja de laurel y 1 clavo en cada mitad.

Incorpore las verduras, la cebolla y los granos de pimienta a la carne y rehogue durante 5 minutos. A continuación, vierta el vino. Tape la rustidera y deje cocer unos 30 minutos. Precaliente el horno a 220 °C (430 °F).

Saque la carne de la rustidera, póngala en la placa del horno y ásela otros 45 minutos hasta que la piel esté crujiente. Pase el fondo del asado por un chino y póngalo en una cazuela. Disuelva la harina en un poco de agua y espese la salsa con la mezcla. Incorpore la nata agria y aderece con sal, pimienta y alcaravea. Retire la carne del horno, córtela en rodajas y vierta la salsa por encima. Sirva con col lombarda rallada y *Knödel* (albóndigas de pan o patata).

Asado de cerdo del Palatinado

Con un cuchillo afilado, haga cortes longitudinales de unos 2 cm de profundidad, y a 3 cm de distancia los unos de los otros, sobre un lado de la carne. Pele el ajo y pártalo por la mitad. Frote la carne con sal, pimienta, ajo, mejorana y alcaravea.

Corte el tocino en tiras y páselo por el pimentón (2 cucharadas). Introduzca las tiras de tocino en las incisiones de la carne. Caliente aceite en una rustidera y ase bien la carne por todos los lados, excepto por el del tocino.

Precaliente el horno a 220 °C (430 °F). Pele la cebolla y córtela en dados. Limpie las verduras para sopa, lávelas y píquelas. Incorpore la cebolla y las verduras a la carne y rehogue durante unos 8 minutos. Agregue el resto del pimentón.

Vierta el vino y el fondo de vacuno en la rustidera y meta en el horno durante 1 1/2 hora, aproximadamente. Rocíe la carne con el jugo del asado de vez en cuando. Una vez lista, sáquela de la rustidera y manténgala caliente. Pase la salsa del asado por un chino e incorpore la nata. Corte la carne en lonjas y sírvala con la salsa de vino.

Para 4 personas

750 g (1 3/4 lb) de espalda de cerdo deshuesada
Sal, pimienta
1 diente de ajo
1 c.p. de mejorana seca
1/2 c.p. de alcaravea molida
75 g (2 1/2 oz) de tocino graso
4 c.s. de pimentón dulce
Aceite de oliva
1 cebolla
1 manojo de verduras para sopa
125 ml de vino tinto seco
125 ml de fondo de vacuno
125 ml de nata líquida

Tiempo de preparación:
30 minutos
(más el tiempo de cocción)
Por ración: 570 kcal/2394 kJ
44 g P, 41 g G, 6 g HC

Para 4 personas

1 kg (2 1/4 lb) de hígado de cerdo

2-3 c.s. de harina

Aceite de oliva

Sal

Pimienta

8 dientes de ajo

5 ramitas de orégano

125 ml de vinagre de vino tinto

1 c.s. de pimentón picante

Tiempo de preparación:
20 minutos aprox.
(más el tiempo de reposo
y de cocción)
Por ración: 650 kcal/2730 kJ
50 g P, 46 g G, 10 g HC

Hígado picante

Limpie el hígado y córtelo en trozos pequeños. Páselos por un poco de harina. Caliente el aceite en una sartén y ase el hígado por todos los lados, a continuación sazónelo con sal y mucha pimienta y resérvelo.

Para preparar la marinada, pele el ajo y májelo en el mortero o en el robot de cocina. Lave el orégano, escúrralo, píquelo y luego tritúrelo junto con el ajo.

Incorpore el vinagre, 125 ml de aceite de oliva y el pimentón. Salpimiente al gusto. Si la marinada resulta demasiado espesa, añada un poco de agua.

Vierta la marinada sobre el hígado, tape y deje macerar toda la noche.

Al día siguiente, póngalo todo en una cazuela, lleve a ebullición sin dejar de remover y deje cocer a fuego lento durante 15 minutos. Sirva inmediatamente con pan.

Para 4 personas

375 ml de fondo asiático

3 c.s. de pasta de curry verde

1/2 manojo de cilantro

400 g (14 oz) de col *pak choi*

100 g (3 1/2 oz) de cebolletas

2 filetes de cerdo

2 c.s. de zumo de tamarindo

2 c.s. de salsa oscura de soja

2 c.s. de salsa clara de soja

2 c.s. de salsa de pescado

1 c.s. de pasta de gambas

2 c.s. de salsa de guindilla

1 c.s. de coco cremoso

Tiempo de preparación:
30 minutos aprox.
(más el tiempo de cocción)
Por ración: 654 kcal/2746 kJ
87 g P, 11 g G, 5 g HC

Curry de cerdo

Caliente el fondo en una cazuela y agregue la pasta de curry.

Lave el cilantro, séquelo y pique las hojas. Lave la col, séquela y córtela en tiras. Limpie las cebolletas, lávelas y córtelas en aros. Lave el solomillo, séquelo y córtelo en dados.

Incorpore la carne al fondo y deje cocer a fuego lento durante 8 minutos. Pasados 5 minutos agregue las verduras y el cilantro. Aderece con zumo de tamarindo, salsa de soja, salsa de pescado, pasta de gambas, salsa de guindilla y coco cremoso.

Siga cociendo el curry a fuego lento otros 5 minutos, repártalo después en cuencos individuales y sírvalo con fideos de huevo o de arroz fritos.

Para 4 personas

2 kg (4 1/2 lb) de costillas de cerdo

Para la marinada:

6 c.s. de salsa de soja

4 c.s. de vinagre

3 c.s. de miel líquida

1 c.s. de azúcar moreno

1/2 c.p. de especias para parrillada

1/2 c.p. de pimienta de 3 colores

1 pizca de cayena en polvo

Un poco de maizena

Tiempo de preparación:
30 minutos aprox.
(más el tiempo de maceración)
Por ración: 693 kcal/2896 kJ
70 g P, 37 g G, 20 g HC

Costillas al estilo de Honolulu

Lave las costillas, séquelas con papel de cocina, divídalas en porciones grandes y póngalas en un recipiente llano.

Para preparar la marinada, mezcle la salsa de soja con el vinagre, la miel, el azúcar, las especias para parrillada, la pimienta y la cayena. Unte las costillas con la marinada y deje macerar unas 2 horas.

A continuación, escúrralas bien, hierva la marinada brevemente y espésela con la maizena diluida en un poco agua. Unte las costillas de nuevo y áselas en la parrilla a temperatura moderada durante unos 20 minutos hasta que estén doradas y crujientes. Acompañe este plato con tomates a la parrilla.

Pinchitos de saltimbocca

Lave la carne, séquela suavemente y extiéndala sobre la superficie de trabajo. Sazónela con sal, pimienta y hierbas y ponga una loncha de tocino sobre cada filete.

Lave la salvia con cuidado y séquela con papel de cocina. Coloque una hoja de salvia sobre cada loncha de tocino.

A continuación, espolvoree el parmesano por encima y pliegue los filetes.

Ensarte dos filetes en cada brocheta, úntelos con aceite de oliva y áselos en la sartén a fuego lento durante unos 10 minutos por cada lado.

Sirva el *saltimbocca* decorado con albahaca y olivas negras.

Para 4 personas

8 filetes de cerdo finos de 100 g (3 1/2 oz)

Sal, pimienta

1 c.p. de hierbas italianas secas

8 lonchas de tocino entreverado

8 hojas de salvia

3 c.s. de parmesano rallado

2 c.s. de aceite de oliva

Albahaca y olivas negras para decorar

Tiempo de preparación: 20 minutos
Por ración: 573 kcal/2396 kJ
52 g P, 39 g G, 0 g HC

Pinchitos morunos

Para 4 personas

150 ml de aceite de oliva

4 ramitas de tomillo

1/2 manojo de perejil

1 c.p. de guindilla molida

2 c.p. de comino molido

1 c.p. de pimentón picante

Pimienta

700 g (1 1/2 lb) de carne de cerdo

12-16 brochetas de madera

Tiempo de preparación:
15 minutos aprox.
(más el tiempo maceración
y de cocción)
Por ración: 633 kcal/2657 kJ
37 g P, 54 g G, 3 g HC

Ponga el aceite en un cuenco. Lave el tomillo y el perejil, escúrralos, píquelos y agréguelos. Añada la guindilla junto con el comino molido, el pimentón y un poco de pimienta. Mezcle bien todos los ingredientes.

Corte la carne en dados de unos 2 cm x 2 cm. Póngalos en la marinada, remueva bien, tape y deje macerar en la nevera toda la noche.

Al día siguiente, saque la carne de la marinada y ensártela en brochetas remojadas previamente. Precaliente la parrilla. Ponga la marinada en una cazuela y deje que hierva.

Ase los pinchitos a la brasa entre 5 y 10 minutos; mientras tanto, vaya untándolos con la marinada.

Para 4 personas

1 kg (2 1/4 lb) de espalda de cerdo con corteza
Sal
1 c.p. de clavo
1 manojo de verdura para sopa
1 cebolla
1 hoja de laurel
4 granos de pimienta
1 diente de ajo
1 c.p. de maizena
1 c.p. de caldo granulado
Pimienta

Tiempo de preparación: 20 minutos (más el tiempo de cocción)
Por ración: 423 kcal/1775 kJ
52 g P, 22 g G, 4 g HC

Asado de cerdo con corteza

Precaliente el horno a 225 °C (440 °F). Frote la carne con sal. Colóquela en la bandeja del horno con la corteza hacia abajo, vierta 250 ml de agua y ase durante unos 15 minutos. A continuación, deles la vuelta y haga cortes en forma de cruz sobre la corteza.

Pinche los clavos en la carne y siga asando otros 50 minutos; rocíela a menudo con el jugo de la cocción.

Entre tanto, limpie las verduras, lávelas y píquelas. Pele la cebolla y córtela en dados. Transcurridos 40 minutos de cocción, agregue las verduras, la cebolla, la hoja de laurel y los granos de pimienta a la carne. Pele el ajo, píquelo y añádalo también.

Siga cocinando 15 minutos más. Humedezca ahora la carne con agua salada y retírela del horno. Manténgala caliente.

Pase el fondo del asado por un chino. Disuelva la maizena en un poco de agua y espese la salsa con ella. Aderece con el caldo granulado, sal y pimienta. Deje reposar la carne 10 minutos y córtela en lonchas. Sirva con *Knödel* (albóndigas de pan o patata) y ensalada.

Redondo con rábano picante

Frote la carne con sal y pimienta. Pele la manzana y la cebolla y quite el corazón a la primera. Corte la manzana en láminas y la cebolla en aros.

Agregue la mitad de los arándanos a la carne e incorpore después la manzana y la cebolla. Enrolle la carne y átela con hilo de cocina. Precaliente el horno a 180 °C (355 °F).

Caliente el aceite y ase bien la carne por todos los lados. Luego, póngala en el horno durante 1 1/2 hora. Mientras se asa vaya untándola con miel y jugo del asado.

Caliente en una cazuela la crema agria con la leche, el rábano picante y la jalea de arándanos. Aderece la salsa con limón.

Retire la carne de la rustidera, córtela en rodajas y sírvala con la salsa.

Para 4 personas

1 kg (2 1/4 lb) de carne de cerdo para rellenar

Sal

Pimienta

1 manzana

1 cebolla

3 c.s. de arándanos

4 c.s. de aceite de oliva

2 c.s. de miel

300 g (11 oz) de crema agria

200 ml de leche

3 c.p. de rábano picante rallado

3 c.s. de jalea de arándanos

Zumo de limón

Tiempo de preparación:
20 minutos aprox.
(más el tiempo de cocción)
Por ración: 528 kcal/2216 kJ
34 g P, 38 g G, 13 g HC

Jarretes con col

Para 4 personas

4 jarretes frescos

Sal

Pimienta

2 cebollas

4 c.s. de aceite de oliva

1 manojo de rábanos para adornar

Tiempo de preparación:
15 minutos
(más el tiempo de cocción)
Por ración: 548 kcal/2299 kJ
52 g P, 37 g G, 2 g HC

Lave los jarretes, séquelos con papel de cocina y haga cortes en la superficie para que pueda salir la grasa. Frote los jarretes con sal y pimienta. Precaliente el horno a 220 °C (390 °F).

Pele las cebollas y pártalas por la mitad. Ponga el aceite en una rustidera grande y coloque en ella los jarretes con la cebolla y unos 250 ml de agua. Hornee durante 1 $^{1}/_{2}$ hora. Durante la cocción, dé la vuelta a la carne varias veces y vaya rociándola con el jugo del asado.

15 minutos antes de que finalice la cocción, saque los jarretes de la rustidera y séquelos con papel de cocina. Ponga el grill del horno a la máxima temperatura y deje que los jarretes se doren y se tornen crujientes.

Sirva los jarretes con *choucroute* (col fermentada). Lave los rábanos y córtelos en rodajas. Dispóngalos decorativamente en el plato.

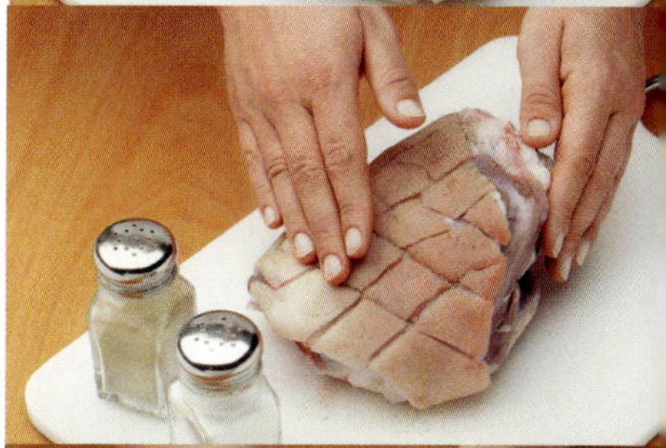

Para 4 personas

325 g (11 oz) de hígado de cerdo

125 g (4 1/2 oz) de tocino entreverado

1 cebolla

150 g (5 1/2 oz) de pan rallado

2 huevos

Sal

Pimienta

1/2 c.p. de mejorana

1/2 manojo de perejil fresco picado

Tiempo de preparación:
20 minutos
(más el tiempo de cocción)
Por ración: 328 kcal/1376 kJ
29 g P, 9 g G, 31 g HC

Albóndigas de hígado

Lave el hígado, séquelo cuidadosamente y córtelo en trozos pequeños. Corte el tocino también en trozos pequeños. A continuación, pique ambos ingredientes. Pele la cebolla y píquela también. Mézclelo todo.

Añada el pan rallado y los huevos a la pasta de hígado; condimente con sal, pimienta, mejorana y perejil.

Ponga agua en una cazuela grande y lleve a ebullición. Con la masa de carne forme bolas de tamaño mediano y cuézalas en el agua hirviendo. Estarán listas cuando emerjan a la superficie.

Saque las albóndigas del agua y deje que escurran. Sirva con *choucroute* (col fermentada) y puré de patatas.

Para 4 personas

50 g (1 $^{3}/_{4}$ oz) de colmenillas secas

700 g (1 $^{1}/_{2}$ lb) de solomillo de cerdo

Sal

Pimienta

3 c.s. de harina

Aceite de oliva

2 cl de jerez

150 g (5 $^{1}/_{2}$ oz) de nata fresca espesa

$^{1}/_{2}$ manojo de perifollo

Tiempo de preparación:
30 minutos
(más el tiempo de remojo
y de cocción)
Por ración: 348 kcal/1460 kJ
42 g P, 17 g G, 5 g HC

Medallones de cerdo en salsa de colmenillas

Ponga las setas en remojo toda la noche. Al día siguiente escúrralas, cuele el agua del remojo y reserve. Corte el solomillo en lonjas de igual tamaño. Salpimiéntelas y páselas por harina.

Ponga aceite en una sartén y ase los medallones por ambos lados. Corte las colmenillas en láminas y agréguelas. Tape la sartén y deje cocer al vapor hasta que los medallones estén firmes al presionarlos. Retírelos de la sartén y resérvelos calientes.

Incorpore la mitad del agua del remojo junto con el jerez y la nata fresca y deje que reduzca un poco. Salpimiente. Lave el perifollo, escúrralo y píquelo. Sirva los medallones decorados con la salsa y el perifollo.

Choucroute alsaciana

Para 4 personas

1 1/2 kg (3 1/4 lb) de *choucroute* (col fermentada)

2 cebollas

100 g (3 1/2 oz) de grasa de ganso

6 clavos de olor

1 hoja de laurel

10 bayas de enebro

1/4 c.p. de cilantro molido

250 ml de Riesling seco

250 ml de caldo de verduras

600 g (1 1/4 lb) de espalda de cerdo ahumada

400 g (14 oz) de panceta de cerdo ahumada

4-6 patatas

4-6 salchichas de cerdo

1 jarrete de cerdo

Tiempo de preparación:
20 minutos
(más el tiempo de cocción)
Por ración: 580 kcal/2436 kJ
45 g P, 38 g G, 14 g HC

Lave el *choucroute,* deje que escurra y presiónelo para extraer toda el agua. Pele las cebollas y córtelas en aros.

Caliente la grasa de ganso en una rustidera y rehogue las cebollas. Agregue el *choucroute,* el clavo, el laurel, las bayas de enebro y el cilantro. Vierta después el vino y el caldo.

Coloque encima la espalda de cerdo, la panceta y el jarrete, tape y deje cocer a fuego lento durante 1 hora, aproximadamente. A continuación, remueva bien.

Pele las patatas, colóquelas sobre el *choucroute* y siga cociendo otros 30 minutos. 20 minutos antes de que finalice la cocción, caliente las salchichas en agua hirviendo.

Ponga el *choucroute* en una fuente de servir. Corte la carne en lonjas y dispóngalas decorativamente junto con las salchichas sobre el *choucroute.* Distribuya las patatas alrededor.

Para 4 personas

4 jarretes de cerdo curados
1 manojo de verduras para sopa
1 cebolla
1 hoja de laurel
Granos de pimienta de Jamaica
Pimienta en grano
Azúcar

Para el puré de guisantes:
250 g (9 oz) de guisantes, panceta y cebolla

Para el *choucroute:*
1 cebolla
50 g (1 3/4 oz) de manteca de cerdo
750 g (1 3/4 lb) de *choucroute* (col fermentada)
1 patata rallada
Azúcar
5 bayas de enebro
1 hoja de laurel
75 g (2 1/2 oz) de tocino entreverado

Tiempo de preparación: hasta 3 horas
Por ración: 603 kcal/2531 kJ
49 g P, 34 g G, 23 g HC

Jarrete de cerdo a la berlinesa

Pele los guisantes, póngalos en remojo toda la noche.

Ponga los jarretes con agua fría en una cazuela, deje que hiervan y espume el caldo. Incorpore las verduras para sopa limpias y lavadas, la cebolla pelada, los granos de pimienta y deje cocer 2-2 1/2 horas. Agregue una pizca de azúcar para que la carne se torne de color rosa.

1 hora antes de que finalice la cocción, ponga al fuego los guisantes en el agua del remojo y deje cocer a fuego moderado. Remueva hasta convertir en puré.

Mientras tanto prepare el *choucroute*. Pele la cebolla y píquela. Rehogue el *choucroute* en la manteca de cerdo junto con el laurel, las bayas de enebro y una pizca de azúcar. 5 minutos antes de que esté listo incorpore la patata rallada y deje que vuelva a hervir.

Saltee el tocino y los dados de cebolla e incorpore a los jarretes. Sirva los jarretes de cerdo con el *choucroute* y el puré de guisantes.

Asado de cerdo

Frote la carne con sal, alcaravea y pimentón.

Confeccione una marinada con la mostaza, la cerveza y las hierbas. Ponga la carne en ella, tápela y deje macerar durante varias horas en la nevera.

Mientras tanto precaliente el horno a 200 °C (390 °F). Saque la carne de la marinada, póngala en la bandeja del horno y ásela durante 1 1/2 hora hasta que esté crujiente. Vaya untándola con la marinada mientras se asa.

Una vez lista sáquela del horno, córtela en lonjas y manténgala caliente. Vierta la marinada en el fondo del asado, deje que hierva y vierta sobre la carne. Sirva acompañado de *Knödel* (albóndigas de pan o patata) y col lombarda rallada.

Para 4 personas

800 g (1 3/4 lb) de cuello de cerdo

Sal

Alcaravea molida

1/2 c.p. de pimentón dulce

1 c.s. de mostaza

250 ml de cerveza clara

Una pizca de mejorana

Una pizca de tomillo

Tiempo de preparación:
20 minutos
(más el tiempo de maceración y de cocción)
Por ración: 365 kcal/1533 kJ
42 g P, 20 g G, 2 g HC

Cerdo

Chop Suey

Para 4 personas

12 colmenillas secas

500 g (1 lb) de carne de cerdo

Sal

2 c.s. de salsa de soja

2 c.p. de maizena

1 cebolla

200 g (7 oz) de brotes de bambú de bote

200 g (7 oz) de judías mungo de bote

1 pimiento rojo

1 puerro

3 c.s. de vino de arroz

Aceite de oliva

Pimienta negra

1 c.p. de azúcar

Tiempo de preparación:
45 minutos aprox.
(más el tiempo de cocción)
Por ración: 202 kcal/846 kJ
40 g P, 12 g G, 25 g HC

Ponga las setas en agua caliente y deje en remojo durante 30 minutos como mínimo. Trocee la carne y mézclela con una pizca de sal, 1 cucharada de salsa de soja y la maizena.

Pele las cebollas y córtelas en dados. Escurra los brotes de bambú y pártalos en trozos pequeños. Escurra las judías mungo.

Limpie el pimiento, lávelo, pártalo por la mitad, quítele las semillas y píquelo. Limpie el puerro, lávelo y córtelo en aros.

Caliente el aceite, rehogue las cebollas y, a continuación, incorpore la carne. Agregue la salsa de soja restante, el vino de arroz y deje cocer durante unos 4 minutos. Retire de la sartén y mantenga caliente.

Vuelva a calentar un poco más de aceite y saltee las judías mungo junto con el pimiento, el puerro, los brotes de bambú y las setas durante 3 o 4 minutos. Aderece con pimienta y azúcar.

SUGERENCIA

Agregue arroz cocido y mezcle bien con el *chop suey* para obtener una comida completa.

Cazuela de menudillos

Para 4 personas

1 1/2 kg (3 1/4 lb) de menudillos de cerdo (riñones, corazón y morro)

Sal

1 hoja de laurel

3 granos de pimienta de Jamaica

2 cebollas

2 rebanadas de pastel de miel de 60 g (2 oz) aprox.

2 c.s. de harina

3 c.s. de mus de ciruela

1 c.s. de vinagre

Azúcar

Pimienta blanca

Tiempo de preparación: 20 minutos
(más el tiempo de cocción)
Por ración: 323 kcal/1357 kJ
41 g P, 8 g G, 19 g HC

Limpie los riñones y póngalos en remojo durante 15 minutos. Retire las venas del corazón. Enjuague bien el corazón y el morro y deje escurrir. Ponga 1 1/2 litro de agua en una cazuela grande con la sal, el laurel, los granos de pimienta y las cebollas peladas y cortadas en cuartos, y lleve a ebullición. Incorpore los riñones, el corazón y el morro. Tape y deje que hierva durante 1 hora, aproximadamente. Saque todos los ingredientes del agua y deje que se enfríen.

Para preparar la salsa, desmorone el pastel de miel y mézclelo con 1/2 litro del agua de la cocción. Disuelva la harina en un poco de agua fría y agregue el caldo. Lleve a ebullición y deje cocer a fuego lento durante unos 15 minutos.

Añada el mus de ciruela y, a continuación, aderece la salsa con vinagre, azúcar, pimienta y sal.

Corte los riñones y el corazón en trozos pequeños. Deshuese la carne del morro y píquela. Caliéntela en la salsa durante 5 minutos, pero sin dejar que hierva. Sirva la cazuela de menudillos en un cuenco grande.

Para 4 personas

250 ml de vino Burgunder

1 c.p. de salvia, 1 de mejorana y 1 de tomillo

Pimienta, sal

5 c.s. de aceite a las hierbas

1 c.s. de mostaza

1 c.s. de jalea de grosellas

El zumo de 1 limón

3 cebollas

750 g (1 3/4 lb) de carne de la pierna del cerdo

2 zanahorias

1/2 tallo de apio

1 litro de caldo de carne

1 hoja de laurel

2 c.s. de maizena

Tiempo de preparación:
30 minutos
(más el tiempo maceración
y de cocción)
Por ración: 453 kcal/1903 kJ
52 g P, 17 g G, 11 g HC

Asado al Burgunder

Confeccione una marinada con el vino tinto, 250 ml de agua, las hierbas, la pimienta, la sal, 1 cucharada de aceite a las hierbas, la mostaza, la jalea de grosellas y el zumo de limón. Pele 2 cebollas, píquelas y agréguelas a la marinada. Ponga la carne a macerar en ella.

Pele las zanahorias y el apio, lávelos y píquelos. Cueza las verduras con la cebolla en el caldo de carne a fuego lento durante 30 minutos; 5 minutos antes de que finalice la cocción agregue la hoja de laurel. Deje enfriar el caldo, viértalo sobre la carne y deje macerar durante 24 horas.

Precaliente el horno a 220 °C (430 °F). Caliente el aceite restante en una rustidera. Saque la carne de la marinada, séquela con papel de cocina y ásela en la rustidera. Vierta 1/2 litro de la marinada sobre la carne y póngala en el horno durante 1 1/2 hora, aproximadamente. Retire la carne de la rustidera y manténgala caliente. Ponga un poco de marinada en el fondo del asado y páselo por un chino. Ponga a hervir y espese con la maizena diluida en un poco de agua. Corte el asado en lonjas y sírvalo con la salsa.

Albóndigas con dátiles y almendras

Para 4 personas

150 g (5 1/2 oz) de arroz cocido

500 g (l lb) de carne picada de cerdo

1 huevo

20 g (3/4 oz) de bastoncillos de almendra tostados

Sal

Pimienta

125 g (4 1/2 oz) de dátiles

1/2 limón

1 c.s. de mostaza

4 c.s. de pan rallado

Aceite de oliva

4 cebollas

100 ml de vino blanco

100 ml de caldo de carne

2 hojas de laurel

Tiempo de preparación:
25 minutos aprox.
(más el tiempo de cocción)
Por ración: 655 kcal/2751 kJ
29 g P, 31 g G, 60 g HC

En un cuenco grande mezcle el arroz con la carne picada, el huevo y las almendras. Salpimiente.

Deshuese los dátiles, córtelos en dados y agréguelos a la carne. Lave el limón, ralle la piel e incorpore.

Con las manos húmedas forme bolas de masa de carne, páselas por pan rallado y fríalas en el aceite.

Pele las cebollas y píquelas. Rehóguelas en un poco de aceite y agregue después el vino y el caldo. Añada la hoja de laurel. Lleve a ebullición y deje cocer a fuego lento durante unos 10 minutos.

Ponga las albóndigas en el caldo y caliente a fuego lento durante unos 15 minutos. Deje enfriar y sirva con pan.

Solomilllo con chorizo

Corte el solomillo en dados pequeños. Pele el ajo y trocéelo.

Lave el orégano, escúrralo, separe las hojas de los tallos y píquelas.

Ponga los dados de carne en una cazuela. Incorpore el ajo, el laurel, el orégano y un poco de sal y pimienta. Vierta 175 ml de agua, tape y deje cocer a fuego lento entre 10 y 15 minutos.

Corte los chorizos en rodajas finas y añádalos. Agregue el pimentón y la manteca de cerdo, destape y deje que hierva a fuego lento hasta que la carne esté tierna y el agua se haya consumido.

Ase la carne en la grasa del asado y sirva.

Para 4 personas

600 g (1 1/4 lb) de solomillo de cerdo

6 dientes de ajo

1 ramita de orégano

1 hoja de laurel

Sal

Pimienta

2 chorizos pequeños de 200 g (7 oz) aprox.

1 c.p. de pimentón

50 g (1 3/4 oz) de manteca de cerdo

Grasa para asar

Tiempo de preparación:
15 minutos aprox.
(más el tiempo de cocción)
Por ración: 595 kcal/2499 kJ
53 g P, 42 g G, 3 g HC

Cerdo con verduras

Para 4 personas

2 berenjenas pequeñas de 400 g (14 oz) aprox.

Sal

2 pimientos verdes

1 pimiento rojo

1 trozo de jengibre fresco de 2 cm aprox.

1 c.p. de miel

2 c.s. de salsa de soja

2 c.s. de vino de arroz

1 c.s. de pasta de soja

3 c.s. de aceite de oliva

125 g (4 1/2 oz) de carne picada de cerdo

1 c.s. de maizena

1 c.s. de perejil para decorar

Tiempo de preparación:
25 minutos aprox.
(más el tiempo de cocción)
Por ración: 119 kcal/500 kJ
10 g P, 4 g G, 10 g HC

SUGERENCIA

Para esta receta, en lugar de berenjenas puede utilizar calabacines cortados en rodajas.

Lave las berenjenas, córtelas en rodajas finas y éstas a su vez en tiras de unos 5 cm. Espolvoree las berenjenas uniformemente con sal y deje reposar durante 10 minutos.

Limpie los pimientos, lávelos, pártalos por la mitad, retire las semillas y córtelos también en tiras de 5 cm. Pele el jengibre y rállelo. Ponga las berenjenas en un colador y enjuáguelas bien con agua fría. A continuación, deje que escurran y séquelas bien.

Mezcle 125 ml de agua con la miel, la salsa de soja, el vino de arroz, la pasta de soja y remueva bien. Reserve la salsa.

Caliente aceite en un wok y rehogue el jengibre y la carne hasta que ésta esté dorada y desmigada. Incorpore las berenjenas y siga rehogando 5 minutos. Después, añada el pimiento y rehogue otros 5 minutos más sin dejar de remover.

Agregue 2/3 del agua con miel y remueva. Disuelva la maizena en el resto de salsa y añádala a las verduras para espesar la salsa. Deje cocer las verduras 1 minuto más y sirva el plato decorado con perejil.

Sopa de carne de buey

Para 4 personas

2 tallos de apio
1 cebolla grande
1 zanahoria mediana
2 dientes de ajo
3 patatas medianas
2 nabos medianos
500 g (1 lb) de carne de buey
2 c.s. de aceite de oliva
350 ml de caldo de carne
2 ramitas de cilantro fresco
1 hoja de laurel

Tiempo de preparación:
2 horas aprox.
Por ración: 225 kcal941 kJ
19 g P, 5 g G, 25 g HC

Quite las hebras al apio, lávelo y córtelo en láminas. Pele la cebolla, la zanahoria y los dientes de ajo. Trocee la cebolla, corte las zanahoria en rodajas y maje el ajo. Pele las patatas y córtelas en dados de unos 2 cm. Lave los nabos y córtelos en dados.

Limpie la carne de grasa y córtela en trozos de unos 2 cm. Caliente 1 cucharada de aceite en una cazuela grande y ase los dados de carne en él hasta que estén bien dorados. Retire la carne de la cazuela.

Caliente el aceite restante en la cazuela y rehogue el apio, la cebolla, la zanahoria y el ajo durante unos 3 minutos; remueva de vez en cuando. Devuelva ahora los dados de carne a la cazuela.

Incorpore el caldo de carne junto con 250 ml de agua, el cilantro y la hoja de laurel y lleve a ebullición. Baje el fuego, tape la cazuela y deje cocer durante 1 1/4 hora hasta que la carne esté hecha. Retire el cilantro y el laurel. Agregue los dados de patata y de nabo, lleve de nuevo a ebullición y siga cociendo a fuego lento durante otros 15 minutos, hasta que las verduras estén tiernas.

Para 4 personas

1 kg (2 1/4 lb) de carne de buey deshuesada

1 kg (2 1/4 lb) de huesos para sopa

2 hojas de laurel

3 granos de pimienta

1/2 c.p. de sal

1 1/2 litro de caldo de carne

2 cebollas

1 manojo de verduras para sopa

1 tomate

1 c.s. de aceite de oliva

1 c.p. de tomillo picado

Tiempo de preparación:
30 minutos
(más el tiempo de cocción)
Por ración: 448 kcal/1880 kJ
50 g P, 26 g G, 3 g HC

Pot-au-feu

Ponga la carne en una cazuela grande junto con los huesos para sopa, las hojas de laurel, la pimienta, la sal y el caldo de carne y lleve a ebullición. Baje el fuego y deje que hierva durante unas 2 1/2 horas.

Pele las cebollas y córtelas en dados. Limpie las verduras, lávelas y píquelas. Pele los tomates, despepítelos y píquelos también.

Ponga el aceite en la sartén y rehogue las verduras durante 5 minutos. Sáquelas verduras y agréguelas a la carne media hora antes de que ésta esté lista. Condimente con tomillo.

Cuando la carne esté tierna, sáquela de la cazuela, deje que escurra, córtela en lonjas y dispóngala en una fuente de servir. Agregue las verduras. Retire los huesos del caldo y sirva éste en platos individuales.

Buey

Sopa de rabo de buey

Para 4 personas

600 g (1 1/4 lb) de rabo de buey

2 c.s. de aceite

2 chalotes

3 guindillas rojas

1 trozo de jengibre fresco de 2 cm

1 c.p. de semillas de cilantro

1/2 c.p. de comino molido

2 c.s. de salsa de pescado

1/2 c.s. de cardamomo molido

Pimienta

Canela en rama de 3 cm

200 g (7 oz) de judías verdes

Sal

Cilantro para decorar

Tiempo de preparación:
40 minutos aprox.
(más el tiempo de cocción)
Por ración: 413 kcal/1734 kJ
32 g P, 23 g G, 49 g HC

Lave la carne y séquela. A continuación, ásela en el aceite caliente.

Pele los chalotes y córtelos en dados. Lave las guindillas, pártalas por la mitad longitudinalmente, quíteles las semillas y córtelas en tiras. Pele el jengibre y córtelo en láminas.

Caliente 2 litros de agua en una cazuela y agregue el jengibre, las semillas de cilantro, el comino molido, la salsa de pescado, el cardamomo molido y la guindilla. Añada la canela y deje cocer a fuego moderado durante unas 2 horas.

Espume el caldo regularmente con una espumadera. Poco antes de que finalice la cocción, incorpore las judías troceadas. A continuación, saque la carne, escúrrala, deje que se enfríe y deshuésela.

Reparta los trozos de carne en cuencos individuales. Retire la canela y vierta la sopa sobre la carne. Salpimiéntela al gusto y sírvala decorada con cilantro.

Para 4 personas

300 g (11 oz) de solomillo de buey

3-4 c.s. de aceite de oliva

2-3 c.s. de zumo de limón

Sal

Pimienta

50 g (1 3/4 oz) de parmesano recién rallado

100 g (3 1/2 oz) de champiñones de campo o de trufas

100 g (3 1/2 oz) de verduras, p. ej. hinojo y ruqueta

Tiempo de preparación:
15 minutos aprox.
(más el tiempo de congelación y de maceración)
Por ración: 161 kcal/674 kJ
21 g P, 8 g G, 1 g HC

Carpaccio

Lave el solomillo, séquelo, envuélvalo prieto en film transparente y póngalo en el congelador durante unos 45 minutos.

Corte la carne congelada en lonchas extremadamente finas. Unte una fuente de servir con un poco de aceite y disponga las lonchas de carne en ella. Mezcle el resto del aceite con el zumo de limón y un poco de sal y de pimienta.

Rocíe la carne con un poco de la salsa preparada y espolvoree el parmesano por encima. Limpie los champiñones, frótelos con un cepillo o papel de cocina y córtelos en láminas finas.

Limpie y lave las verduras y la ruqueta, deje escurrir y corte la verdura en láminas finas. Esparza los champiñones, las hojas de ruqueta y la verdura por encima de la carne y rocíe con la salsa restante. Deje reposar durante unos 15 minutos y sirva.

Carpaccio tailandés

Lave el solomillo y séquelo. Limpie el limoncillo, lávelo y píquelo. Pele los chalotes y córtelos en dados. Pele el jengibre y córtelo en láminas.

Mezcle 1/3 del limoncillo con los chalotes, el jengibre, la pasta de curry, la salsa de soja, las semillas de cilantro, la salsa *hoisin* y el aceite de sésamo. Deje macerar la carne en esta marinada durante 1 hora.

Precaliente el horno a 180 °C (355 °F). Envuelva la carne en papel de aluminio e introdúzcala en el horno durante 20 minutos.

Entre tanto, lave el cilantro, séquelo y separe las hojas de los tallos. Pele la lima y ralle la piel. Lave la guindilla, pártala por la mitad a lo largo, quítele las semillas, píquela y mézclela con el cilantro, la ralladura de lima, la salsa de pescado, los cacahuetes y el resto de limoncillo.

Corte la carne en lonchas muy finas y sírvala rociada con la salsa. Acompañe con pasta tailandesa.

Para 4 personas

1 solomillo de buey de 900 g (2 lb)

3 tallos de limoncillo

4 chalotes

1 trozo de jengibre fresco de 3 cm

1 c.s. de pasta roja de curry

2 c.s. de salsa de soja

1 c.s. de semillas de cilantro

3 c.s. de salsa *hoisin*

3 c.s. de aceite de sésamo

1 manojo de cilantro

1 lima *kafir*

1 guindilla verde

3 c.s. de salsa de pescado

4 c.s. de cacahuetes tostados picados

Tiempo de preparación: 50 minutos aprox.
Por ración: 625 kcal/2625 kJ
54 g P, 24 g G, 8 g HC

Albóndigas turcas

Para 6 personas

350 g (3/4 lb) de sémola de trigo

1 cebolla grande

3 dientes de ajo

1 c.p. de caldo de verduras

1 c.s. de concentrado de pimiento

1-2 c.s. de pimentón

350 g (3/4 lb) de carne picada de buey

1 manojo de perejil plano

Aceite de oliva

Copos de guindilla para espolvorear

Ensalada para acompañar

Tiempo de preparación:
15 minutos aprox.
Por ración: 478 kcal/2006 kJ
27 g P, 13 g G, 63 g HC

Lave la sémola y póngala en remojo con un poco de agua durante unas 3 horas. Pele la cebolla y píquela. Pele los ajos y macháquelos.

En un cuenco, mezcle la sémola con la cebolla, el ajo, el caldo, el concentrado de pimiento y el pimentón, y amase con la mano.

Incorpore la carne y amase hasta obtener una mezcla homogénea.

Lave el perejil, escúrralo y píquelo. Agréguelo a la masa de carne y forme bolas. Aplánelas un poco y fríalas en una sartén por tandas con el aceite bien caliente. Sírvalas espolvoreadas con los copos de guindilla y acompañadas de ensalada mixta.

SUGERENCIA

La carne picada debe ser siempre fresca. Utilice sólo carne que haya comprado el mismo día.

Para 6 personas

1 cebolla grande
2 tomates grandes
1 chile grande
3 dientes de ajo
750 g (1 3/4 lb) de carne picada de buey
200 g (7 oz) de salsa de tomate enlatada
200 ml de vino tinto
1 c.s. de orégano recién picado
1 c.p. de chile en polvo
1 c.p. de comino molido
1/2 c.p. de sal
Pimienta recién molida
375 g (3/4 lb) de judías rojas escurridas
375 g (3/4 lb) de judías de Lima escurridas
3 c.s. de perejil recién picado

Tiempo de preparación: 1 1/4 hora aprox.
Por ración: 339 kcal/1418 kJ
36 g P, 7 g G, 33 g HC

Chile con carne

Pele la cebolla y píquela. Lave los tomates y córtelos en trozos pequeños. Lave el chile, quítele las semillas y píquelo. Pele los ajos y májelos.

Caliente una cazuela grande y ase la carne, removiendo ocasionalmente, durante 4 o 5 minutos. Sáquela de la sartén y póngala a escurrir en un colador.

Devuelva la carne a la cazuela, agregue la cebolla y deje cocer durante 4 o 5 minutos hasta que la cebolla esté transparente. Incorpore el resto de los ingredientes excepto las judías. Lleve a ebullición, baje el fuego y deje cocer, medio destapado, unos 45 minutos. Remueva de vez en cuando.

Añada ahora las judías y siga cocinando a fuego lento durante otros 10 o 15 minutos.

Sirva el chile espolvoreado con perejil.

Para 4 personas

400 g (14 oz) de solomillo de buey picado
2 chalotes
4 c.s. de aceite de oliva
2 c.s. de mostaza picante
2 huevos pequeños
1 c.p. de alcaparras
1 c.p. de anchoas
Sal, pimienta
8 panecillos para hamburguesa
4 c.s. de mayonesa
1 c.p. de curry en polvo
1-2 c.s. de zumo de piña
Hojas de lechuga
4 rodajas de piña
1/2 pimiento amarillo
2 c.s. de cebolla tostada

Tiempo de preparación:
20 minutos
(más el tiempo de cocción)
Por ración: 560 kcal/2352 kJ
28 g P, 36 g G, 32 g HC

Hamburguesa de luxe

Ponga la carne en un cuenco. Pele los chalotes y píquelos; agréguelos a la carne. Añada 3 cucharadas de aceite, la mostaza y los huevos. Escurra las alcaparras y las anchoas, píquelas e incorpórelas a la masa. Mezcle todo bien y salpimiente generosamente. Humedézcase las manos y confeccione hamburguesas.

Caliente el aceite restante en una sartén y fría las hamburguesas por ambos lados hasta que estén bien doradas.

Abra los panecillos por la mitad. Mezcle la mayonesa con el curry y un poco de zumo de piña y unte los panecillos con esta mezcla. Ponga una hoja de lechuga lavada sobre cada mitad inferior del pan. Parta las rodajas de piña por la mitad y el pimiento en tiras finas.

Coloque las hamburguesas sobre la lechuga, cubra con un trozo de piña y algunas tiras de pimiento y espolvoree con la cebolla tostada. Coloque la mitad superior del panecillo encima y sirva.

Rollitos con anchoa

Coloque los filetes sobre la superficie de trabajo y salpimiéntelos.

Pique las anchoas. Limpie las cebolletas y córtelas en aros finos. A continuación, distribuya las anchoas y las cebolletas sobre los filetes y enróllelos. Fíjelos con palillos.

Caliente el aceite en una rustidera y ase bien los rollitos por todos los lados. Vierta entonces el caldo y el vino, tape y deje cocer unos 45 minutos.

Saque la carne de la rustidera, retire los palillos y manténgala caliente.

Pase el fondo del asado por un chino y lleve a ebullición. Disuelva la harina en la nata y agréguela al fondo; remueva hasta que empiece a espesar. Salpimiente la salsa y vierta sobre los rollitos. Sirva inmediatamente.

Para 4 personas

4 filetes de buey finos
Sal, pimienta
6 filetes de anchoa
1/2 manojo de cebolletas
2 c.s. de aceite de oliva
250 ml de caldo de carne
200 ml de vino blanco seco
2 c.s. de harina
100 ml de nata líquida

Tiempo de preparación:
15 minutos aprox.
(más el tiempo de cocción)
Por ración: 663 kcal/2783 kJ
45 g P, 49 g G, 10 g HC

Para 4 personas

2 dientes de ajo
50 g ($1\,^{3}/_{4}$ oz) de panceta
2 zanahorias
$^{1}/_{2}$ tallo de apio
1 kg ($2\,^{1}/_{4}$ lb) de espalda de buey
1 c.p. de granos de pimienta
10 bayas de enebro
2 hojas de laurel
1 ramita de canela
2 clavos de olor
1 pizca de azúcar
1 ramita de romero
1 ramita de tomillo
1 botella de vino Barolo de $^{3}/_{4}$ de litro
2 c.s. de vino Marsala
Sal
Pimienta
6 c.s. de aceite de oliva
Harina para espolvorear
2 c.s. de coñac
2 ramitas de perejil

Tiempo de preparación:
30 minutos
(más el tiempo de maceración y de cocción)
Por ración: 1032 kcal/4336 kJ
57 g P, 62 g G, 21 g HC

Asado de buey al Barolo

Pele los ajos y pártalos por la mitad. Corte la panceta en tiras. Pele las zanahorias y limpie el puerro. Lave las verduras y córtelas en rodajas. Haga varias incisiones en la carne con un cuchillo e introduzca los trozos de ajo y de panceta en ellas.

Ponga la carne en un recipiente y agregue las verduras. Machaque ligeramente los granos de pimienta y las bayas de enebro y agréguelas a la carne junto con el laurel, la canela, el clavo y las hierbas. Vierta el vino y el vino Marsala por encima y deje macerar en la nevera durante 12 horas. Dé la vuelta a la carne una vez.

Saque la carne de la marinada y séquela bien con papel de cocina. Frótela con sal y pimienta. Pase la marinada por un chino y resérvela; escurra bien las verduras y las hierbas.

Caliente el aceite en una rustidera grande y rehogue las verduras y las hierbas. Espolvoree la carne con harina y ásela bien por todos los lados. Vierta el coñac.

Incorpore la marinada, lave el perejil y añádalo también. Tape y deje cocer a temperatura moderada durante unas $2\,^{1}/_{2}$ horas hasta que la carne esté muy tierna. Retire el asado y las hierbas de la rustidera, triture la salsa y salpimiéntela.

Corte el asado en lonjas y sírvalo con la salsa. Acompañe con polenta.

Para 4 personas

1 manojo de perejil

1 ramita de estragón

4 hojas de salvia

3 c.s. de parmesano recién rallado

50 g (1 3/4 oz) de pan rallado

Sal

Pimienta

75 g (2 1/2 oz) de queso pecorino

1 kg (2 1/4 lb) de solomillo de buey

150 g (5 1/2 oz) de jamón curado

3 c.s. de aceite de oliva

2 ramitas de orégano

100 ml de vino tinto seco

Tiempo de preparación:
20 minutos
(más el tiempo de cocción)
Por ración: 925 kcal/3885 kJ
101 g P, 49 g G, 14g HC

Solomillo relleno

Lave las hierbas, escúrralas y separe las hojas de estragón de los tallos. Pique el perejil, 2 hojas de salvia y el estragón. Mezcle con el parmesano y el pan rallado y salpimiente.

Corte el pecorino en tiras. Haga cortes longitudinales en la parte superior del solomillo e introduzca en ellos el relleno de parmesano y hierbas junto con las tiras de pecorino. Corte el jamón en lonchas y envuelva la carne con ellas. Ate con hilo de cocina.

Precaliente el horno a 180 °C (355 °F). Caliente el aceite en una rustidera y rehogue las hojas de salvia restante y las ramitas de orégano; a continuación, añada la carne y ásela por todos los lados. Ponga el asado en el horno unos 35 minutos. Después sáquelo y déjelo enfriar 10 minutos.

Vierta el vino y un poco de agua en el fondo del asado, lleve a ebullición y páselo por un chino. Ponga la salsa en una cazuela, lleve a ebullición y deje que reduzca un poco. Corte la carne en rodajas y sírvala con la salsa.

Para 4 personas

800 g (1 3/4 lb) de bistec de buey
2 c.s. de aceite de oliva
1 c.p. de sal
1 cebolla
3 filetes de anchoa
6 granos de pimienta de Jamaica
6 granos de pimienta blanca
1 hoja de laurel
200 ml de caldo de carne
2 c.s. de harina
100 ml de nata líquida
1 c.p. de vinagre
2 c.s. de jarabe de azúcar
2 cl de coñac

Tiempo de preparación:
20 minutos aprox.
(más el tiempo de cocción)
Por ración: 373 kcal/1565 kJ
46 g P, 19 g G, 4 g HC

Bistec con salsa a la pimienta

Caliente el aceite en una sartén y fría la carne por todos los lados. Sazone.

Pele la cebolla y píquela. Pique asimismo los filetes de anchoa. Machaque ligeramente los granos de pimienta. Agréguelo todo a la carne, vierta el caldo y deje cocer unos 30 minutos.

Retire la carne de la sartén y manténgala caliente. Pase el fondo del asado por un chino.

Ponga 300 ml de fondo en una cazuela y lleve a ebullición. Disuelva la harina en la nata y espese el fondo con la mezcla. Añada el vinagre y el jarabe. Salpimiente la salsa y enriquézcala con el coñac.

Corte la carne en lonjas y sírvala con la salsa. Acompañe con jalea de arándanos y verduras.

Carne de buey con patatas

Lave la carne y séquela con papel de cocina. Caliente 75 ml de aceite en un molde refractario y ase bien la carne por todos los lados. Salpimiente y rocíe con el limón.

Lave los tomates y pártalos por la mitad. Pele los chalotes y córtelos en 8 trozos. Pele la zanahoria y córtela en rodajas. Agregue las verduras y el orégano a la carne y vierta el caldo por encima. Tape y deje cocer durante 1 hora.

Lave las patatas, pélelas y pártalas por la mitad si son muy grandes. Caliente el aceite restante en una sartén y fría las patatas hasta que estén crujientes.

Una vez listas, espolvoréelas con el perejil y sírvalas con la carne. Acompañe con ensalada de col.

Para 4 personas

1 kg (2 1/4 lb) de carne de buey

150 ml de aceite de oliva

Sal

Pimienta negra

El zumo de 1 limón

2 tomates

3 chalotes

1 zanahoria

1 c.s. de orégano fresco picado

200 ml de caldo de carne

1 kg (2 1/4 lb) de patatas

Tiempo de preparación:
1 1/2 hora aprox.
Por ración: 773 kcal/3245 kJ
58 g P, 42 g G, 40 g HC

Carne hervida con salsa verde

Para 4 personas

800 g (1 3/4 lb) de redondo de buey

200 g (7 oz) de zanahorias

200 g (7 oz) de apio

200 g (7 oz) de puerro

5 cebollas

Sal

4 hojas de laurel

8 granos de pimienta

1 manojo de perejil

1 manojo de albahaca

3 filetes de anchoa

2 dientes de ajo

1 c.p. de mostaza

2 c.s. de alcaparras

5 c.s. de aceite de oliva

2 c.s. de zumo de limón

Pimienta recién molida

Tiempo de preparación:
1 1/2 hora aprox.
Por ración: 557 kcal/2339 kJ
49 g P, 28 g G, 14 g HC

INFORMACIÓN

El «Bollito misto con salsa verde» (Carne hervida con salsa verde) es uno de los platos más populares de Italia. En cada región se prepara de forma diferente y en algunos lugares se utiliza carne de ternera, pollo, lengua de ternera, pie de cerdo relleno o salchichas con ajo.

Lave la carne y séquela con papel de cocina. Pele las zanahorias y córtelas en rodajas. Limpie el apio, lávelo y trocéelo. Limpie el puerro, lávelo y córtelo en rodajas.

Pele las cebollas y trocéelas. Ponga bastante agua en una cazuela, incorpore las verduras, la sal, las hojas de laurel y los granos de pimienta. Lleve a ebullición y deje que hierva a fuego lento durante unos 30 minutos.

Ponga la carne en el caldo y cueza a fuego moderado unos 50 minutos.

Entre tanto, lave el perejil y la albahaca, escúrralos y píquelos. Trocee los filetes de anchoa.

Pele los ajos y májelos. En un cuenco, mezcle la mostaza con las hierbas, las anchoas y el ajo. Añada las alcaparras e incorpore el aceite removiendo constantemente. Aderece con sal, zumo de limón y pimienta.

Saque la carne del caldo, escúrrala y déjela reposar brevemente. Córtela en rodajas y sírvala junto con la salsa.

Buey

Carne de buey al estilo de Sechuan

Para 4 personas

500 g (1 lb) de carne de buey
1 clara de huevo
1 c.s. de maizena
4 c.s. de salsa de soja
2 cebollas
2 dientes de ajo
1 pimiento amarillo y 1 rojo
2 guindillas
1 puerro pequeño
1 berenjena pequeña
1 trozo de jengibre fresco de 3 cm aprox.
1 c.p. de azúcar
1 c.p. de vinagre de arroz
2 c.s. de vino de arroz
1 pizca de sal
Pimienta
Aceite de oliva para freír o saltear

Tiempo de preparación:
20 minutos aprox.
(más el tiempo de cocción)
Por ración: 278 kcal/1165 kJ
29 g P, 12 g G, 11 g HC

Corte la carne en lonchas finas. Mezcle la clara de huevo con la maizena y 1 cucharada de salsa de soja y macere la carne en esta marinada.

Pele las cebollas y los ajos. Corte las cebollas en aros finos. Limpie los pimientos y la guindilla, lávelos y píquelos. Limpie el puerro, lávelo y córtelo en tiras finas. Lave la berenjena y córtela en dados. Pele el jengibre y píquelo.

Mezcle el azúcar con la salsa de soja restante, el vinagre y el vino de arroz y reserve.

Caliente aceite en un wok. Saltee la carne a fuego fuerte sin dejar de remover. Salpimiente. Retire del wok y reserve.

Caliente un poco de aceite y fría las berenjenas. Agregue la cebolla, el jengibre y las verduras restantes. Maje el ajo e incorpórelo. Cocine a fuego fuerte y añada la carne. Vierta la salsa por encima y remueva bien.

SUGERENCIA

La carne al estilo de Sechuan es siempre muy picante. Ponga menos guindilla si la prefiere más suave.

Solomillo al estilo indio

Para 4 personas

500 g (1 lb) de solomillo de buey

2 c.s. de aceite de oliva

4 c.s. de pasta de curry

1 litro de leche de coco

500 g (1 lb) de patatas en dados

1 cebolla picada

75 g (2 1/2 oz) de cacahuetes sin sal

Una ramita de canela

Semillas de cardamomo

3 c.s. de salsa de pescado

3 c.s. de zumo de tamarindo

2 c.s. de azúcar de palma

Tiempo de preparación:
15 minutos aprox.
(más el tiempo de cocción)
Por ración: 335 kcal/1407 kJ
32 g P, 16 g G, 16 g HC

Corte la carne en lonjas. Caliente el aceite en un wok.

Agregue la pasta de curry y rehóguela, sin dejar de remover, hasta que empiece a emanar aroma.

Vierta la leche de coco, removiendo constantemente, y lleve a ebullición. Añada los dados de patata, la cebolla, los cacahuetes, la canela y el cardamomo en el wok, tape y deje cocer a fuego lento durante 20 minutos.

Incorpore la carne y deje que se haga durante 10 minutos. Aderece con salsa de pescado, zumo de tamarindo y azúcar de palma. Sirva en cuanto las patatas y la carne estén hechas.

SUGERENCIA

El sabor de este plato será más intenso si en lugar de solomillo utiliza carne de la cadera. El tiempo de cocción será entonces más largo.

Para 4 personas

- 1 kg (2 1/4 lb) de carne de buey
- Sal
- Pimienta
- 110 g (4 oz) de harina
- 3 c.s. de aceite de oliva
- 1 cebolla
- 1 hoja de laurel
- 2 clavos de olor
- 1 c.p. de granos de pimienta
- 1 c.p. de pimentón dulce
- 100 g (3 1/2 oz) de crema agria
- 2 c.s. de vino Oporto

Tiempo de preparación:
30 minutos
(más el tiempo de cocción)
Por ración: 705 kcal/2961 kJ
54 g P, 44 g G, 22 g HC

Carne especiada

Corte la carne en lonjas de unos 2 cm de grosor. Salpimiente y pase por 100 g (3 1/2 oz) de harina.

Caliente el aceite en una sartén y fría la carne por todos los lados. Pele la cebolla y píquela. Saque la carne de la sartén y rehogue la cebolla en la grasa resultante.

Devuelva la carne y las especias a la sartén y vierta 500 ml de agua hirviendo por encima. Tape y deje cocer a fuego lento durante 30 minutos.

Mezcle la crema agria con la harina restante y espese la salsa con la mezcla. Enriquezca con el vino Oporto y las especias.

Para 4 personas

1 kg (2 1/4 lb) de espaldilla de buey

250 g (9 oz) de cecina

500 g (1 lb) de cebollas

1 manojo de perejil

Sal

Pimienta

1 manojo de verduras para sopa

1 litro de vino tinto seco

2 hojas de laurel

5 clavos de olor

5 bayas de enebro machacadas

5 granos de pimienta machacados

2 c.s. de harina

Tiempo de preparación:
30 minutos
(más el tiempo de maceración y de cocción)
Por ración: 500 kcal/2100 kJ
52 g P, 22 g G, 13 g HC

Asado con salsa de vino

Corte la carne de manera que quede una lonja fina. Corte la cecina en tiras delgadas y distribúyalas sobre la lonja de carne. Pele la cebolla, píquelas y repártala por encima.

Lave el perejil, escúrralo y píquelo. Salpimiente la carne y esparza el perejil por encima. Enrolle la lonja de carne y átela con hilo de cocina.

Limpie las verduras para sopa, lávelas y píquelas. Confeccione una marinada con 750 ml de vino tinto, las verduras y las especias y deje macerar la carne en ella durante unas 24 horas.

Precaliente el horno a 200 °C (390 °F). Saque la carne de la marinada y séquela con papel de cocina. Póngala en una rustidera e introdúzcala en el horno durante 1 1/2 hora. Pásela al pincho del horno y ásela hasta que el exterior esté crujiente.

Mezcle el fondo del asado y lleve a ebullición junto con el vino restante. Disuelva la harina en un poco de agua y espese el fondo con ella. Salpimiente. Corte la carne en rodajas y sírvala con la salsa.

Albóndigas de buey

En un cuenco grande mezcle la carne picada con la sal y el pan rallado hasta obtener una masa homogénea.

Agregue leche y unos 200 ml de agua y sazone con las especias. La masa debe ser bastante consistente.

Forme bolas con la masa y páselas por harina.

Caliente el aceite en una sartén y fría las albóndigas hasta que estén bien doradas y crujientes. Retírelas de la sartén y resérvelas.

Pele la cebolla y córtela en aros. Rehóguela en la grasa del asado hasta que esté transparente. Vierta un poco de agua y deje que reduzca. Salpimiente la salsa. Sirva con patatas redondas fritas.

Para 4 personas

250 g (9 oz) de carne picada de buey

250 g (9 oz) de carne picada de cerdo

1 c.p. de sal

3 c.s. de pan rallado

250 ml de leche

Sal, pimienta

Nuez moscada molida

1 pizca de jengibre

100 g (3 1/2 oz) de harina

5 c.s. de aceite de oliva

1 cebolla

Tiempo de preparación:
20 minutos aprox.
(más el tiempo de cocción)
Por ración: 708 kcal/2972 kJ
30 g P, 55 g G, 25 g HC

Brochetas de carne picada

Para 4 personas

6-8 patatas cocidas con piel
1 pimiento rojo y 1 verde
1 cebolla grande
1 c.s. de aceite de oliva
500 g (1 lb) de carne picada de buey
1 huevo
250 g (9 oz) de pan rallado
Sal, pimienta
250 ml de leche
1/2 manojo de perejil
4 brochetas metálicas o de madera

Tiempo de preparación:
30 minutos aprox.
(más el tiempo de cocción)
Por ración: 413 kcal/1733 kJ
23 g P, 19 g G, 37 g HC

Pele la cebolla y píquela. Caliente el aceite en una sartén y rehogue la cebolla en él.

Mezcle la carne picada con el huevo y el pan rallado; incorpore la cebolla a la masa.

Salpimiente la carne y amase bien hasta obtener una mezcla homogénea. Agregue suficiente leche de modo que la masa quede suave.

Pique el perejil y añádalo. Humedézcase las manos y forme bolas pequeñas de masa.

Corte las patatas en rodajas. Limpie los pimientos, pártalos por la mitad y retire las semillas. Trocee el pimiento y la cebolla pelada.

Inserte alternativamente los ingredientes (albóndigas, patatas, cebollas y pimientos) en las brochetas y úntelos con un poco de aceite.

Haga las brochetas en la parrilla o en la sartén y sírvalas acompañadas de ensalada.

Para 4 personas

1 kg (2 1/4 lb) de lomo
250 ml de vino blanco seco
1 c.s. de curry en polvo
2 pimientos rojos
1 coliflor pequeña
5 cebollas
3 plátanos verdes
1 c.s. de aceite de oliva
5-6 c.s. de aceite
Sal
Cayena molida
1 lata pequeña de coco cremoso

Tiempo de preparación:
20 minutos
(más el tiempo de maceración y de cocción)
Por ración: 423 kcal/1775 kJ
59 g P, 15 g G, 9 g HC

Roastbeef con plátano verde

Corte el lomo en lonchas finas y mézclelo con 50 ml de vino y con el curry. Tape y deje macerar 1 hora.

Limpie el pimiento, lávelo, pártalo por la mitad, quítele las semillas y píquelo. Limpie la coliflor, lávela y divídala en ramitos. Pele las cebollas y córtela en aros. Pele los plátanos, córtelos en rodajas y rehóguelos en aceite.

Saque la carne de la marinada y reserve ésta. Saltee las tiras de carne, bien escurridas, por tandas en el aceite muy caliente. A continuación, salpimiente. Incorpore los dados de pimiento, los aros de cebolla y los ramitos de coliflor y rehogue.

Vierta el resto del vino, la marinada y el coco cremoso. Tape y deje cocer entre 10 y 15 minutos. Sazone con sal y cayena.

Carne con ciruelas pasas

Para 4 personas

500 g (1 lb) de carne de buey
2 cebollas grandes
Aceite de oliva
1 c.p. de sal
Pimienta negra recién picada
1 c.p. de canela molida
$^{1}/_{4}$ c.p. de jengibre rallado
5 c.s. de aceite de oliva
500 g (1 lb) de ciruelas pasas
La ralladura de $^{1}/_{2}$ limón
$^{1}/_{2}$ ramita de canela
200 g (7 oz) de almendras peladas
$^{1}/_{2}$ c.p. de azafrán molido
Un poco de menta fresca

Tiempo de preparación:
25 minutos aprox.
(más el tiempo de cocción)
Por ración: 1018 kcal/4274 kJ
31 g P, 57 g G, 94 g HC

SUGERENCIA

Sirva este plato en empanadas crujientes dispuestas sobre hojas frescas de lechuga.

Corte la carne en dados de unos 4 cm. Pele las cebollas y píquelas. Ponga un poco de aceite, sal, la pimienta negra, la canela molida y el jengibre en un cuenco y mezcle bien. Pase los dados de carne por esta mezcla.

Ponga la carne en una cazuela grande, incorpore aceite y agregue suficiente agua de modo que la carne quede cubierta. Tape y deje cocer a fuego moderado entre 45 y 60 minutos, hasta que la carne esté tierna.

Vierta agua hirviendo sobre las ciruelas y déjelas en remojo unos 20 minutos. A continuación, deje que se escurran. Ponga 400 ml del caldo de la carne en una cazuela pequeña y desengráselo. Añada la mitad del azúcar junto con la ralladura de limón y la ramita de canela. Incorpore las ciruelas y cueza durante 20 minutos.

Incorpore a la carne el resto del azúcar y remueva bien. Disponga la carne y la compota de ciruelas en una fuente de servir precalentada y resérvela caliente. Deje que la salsa reduzca a la mitad y viértala sobre la carne.

Fría las almendras en un poco de aceite hasta que estén doradas y agregue el azafrán. Lave la menta, escúrrala y separe las hojas de los tallos. Decore la carne con las almendras y la menta y sirva.

Para 4 personas

- 500 g (1 lb) de cebollas
- 4 c.s. de aceite de oliva
- 1 kg (3 1/4 lb) de carne de buey en dados
- 2 c.s. de pimentón picante
- 2 c.s. de pimentón dulce
- 1 c.s. de sal
- 4 guindillas secas
- 1/2 c.p. de alcaravea molida
- 500 ml de vino tinto seco
- 500 ml de nata líquida

Tiempo de preparación:
20 minutos
(más el tiempo de cocción)
Por ración: 750 kcal/3150 kJ
53 g P, 51 g G, 11 g HC

Gulasch

Pele las cebollas y píquelas. Caliente el aceite en una sartén y saltee los dados de carne en él. Incorpore la cebolla y siga salteando. Condimente con sal y pimentón.

Pique las guindillas y agréguelas a la carne junto con la alcaravea. Vierta el vino y deje cocer durante 1 1/4 hora, aproximadamente, hasta que la carne esté tierna.

Vierta la nata, lleve a ebullición y deje que reduzca un poco. Rectifique la sazón si fuera necesario. Sirva el *gulasch* con *Knödel* (albóndigas de patata o pan).

Solomillo a la siciliana

Corte la carne en 8 lonjas. Salpimiéntelas y golpéelas con el puño para que queden finas. Precaliente el horno a 250 °C (480 °F).

Pele las cebollas y córtelas en dados. Lleve a ebullición el caldo de verduras y cueza en él el arroz, tapado, durante unos 20 minutos.

Caliente el aceite en una sartén y fría la carne por todos los lados. Retírela y deje que escurra. Unte un molde refractario con mantequilla y ponga en él la carne.

Limpie los boletos y córtelos en láminas. Aproveche la grasa dejada por la carne y rehogue en ella las setas y las cebollas. Ralle el queso *bel paese*.

Escurra el arroz. Bata los huevos y mézclelos con el arroz. Incorpore las setas, la cebolla y el arroz a la carne y espolvoree con el queso. Ponga en el horno a media altura durante unos 20 minutos.

Hierva el fondo del asado junto con el vino Marsala, agregue el *mascarpone* y salpimiente. Disponga la carne con la salsa en platos individuales y sirva de inmediato.

Para 4 personas

800 g (1 3/4 lb) de solomillo de buey
Sal
Pimienta recién molida
2 cebollas
300 ml de fondo de verduras
100 g (3 1/2 oz) de arroz
2 c.s. de aceite de oliva
Mantequilla para el molde
150 g (5 1/2 oz) de boletos
100 g (3 1/2 oz) de queso *bel paese*
2 yemas
125 ml de vino Marsala
4 c.s. de queso *mascarpone*

Tiempo de preparación:
40 minutos aprox.
Por ración: 691 kcal/2905 kJ
53 g P, 33 g G, 25 g HC

Buey

Rabo de buey guisado

Para 4 personas

800 g (1 3/4 lb) de rabo de buey

Sal

Pimienta recién molida

2 c.s. de harina

2 cebollas

100 g (3 1/2 oz) de apio

2 zanahorias

500 g (1 lb) de tomates tipo pera

2 c.s. de aceite de oliva

500 g (1 lb) de tomates de lata troceados

250 ml de vino blanco

5 filetes de anchoa

1 manojo de perejil

2 c.s de zumo de limón

2 dientes de ajo

Tiempo de preparación:
1 1/2 hora aprox.
(más el tiempo de cocción)
Por ración: 739 kcal/3106 kJ
56 g P, 24 g G, 47 g HC

Lave la carne, séquela con papel de cocina, trocéela y salpimiéntela. Espolvoréela con la harina.

Pele las cebollas y córtelas en dados. Pele las zanahorias y córtelas en rodajas. Lave los tomates y córtelos en dados. Caliente el aceite en una sartén y saltee la carne durante unos 5 minutos. A continuación, agregue las verduras troceadas.

Añada después el tomate de lata y el vino blanco.

Trocee los filetes de anchoa y añádalos. Lave el perejil, escúrralo, píquelo e incorpórelo a la carne. Tape la cazuela y cueza a fuego moderado durante 1 hora.

Por último, deje cocer 10 minutos más con la cazuela destapada. Antes de servir rectifique la sazón si fuera necesario.

INFORMACIÓN

Ésta es una antigua receta de la cocina romana. En Roma no se suele comer la carne cocida, sino guisada o asada. Para prepararla se utiliza manteca de cerdo, aunque a veces también aceite de oliva.

Asado de buey mechado

Para 4 personas

3 cebollas

200 g (7 oz) de tallos de apio

300 g (11 oz) de zanahorias

400 ml de vino Chianti

1 ramita de romero

4 clavos

1/2 ramita de canela

1 kg (2 1/4 lb) de carne de buey para asar

Sal

Pimienta recién molida

150 g (5 1/2 oz) de tocino graso

100 g (3 1/2 oz) de beicon

5 c.s. de aceite de oliva

250 ml de fondo de verduras

6 c.s de vino Marsala

3 c.s. de mantequilla

Tiempo de preparación:
1 1/2 hora aprox.
(más el tiempo de maceración)
Por ración: 744 kcal/3125 kJ
23 g P, 53 g G, 17 g HC

Pele las cebollas y trocéelas. Limpie el apio, lávelo y córtelo en trozos.

Limpie las zanahorias, pélelas, lávelas y luego pártalas en rodajas. Ponga el vino Chianti con las verduras en un recipiente. Lave el romero, escúrralo y añádalo junto con el clavo y la canela.

Lave la carne, séquela con papel de cocina y déjela macerar en el vino durante unas 12 horas.

Saque la carne de la marinada, séquela cuidadosamente, salpimiéntela e introduzca en ella el tocino con una aguja de mechar.

Caliente el aceite en una rustidera y ase bien la carne por todos lados. Incorpore el beicon y siga salteando.

Vierta el fondo de verduras y 100 ml de marinada. Tape y cueza a fuego moderado durante 1 hora.

Saque la carne, déjela reposar unos instantes y córtela en lonjas.

Hierva el caldo de la cocción y deje que reduzca un poco. A continuación, añada el vino Marsala y la mantequilla en copos. Salpimiente y sirva.

Para 4 personas

350 ml de vinagre de vino

1 cebolla

2 manojos de verduras para sopa

1 hoja de laurel

2 clavos de olor

4 bayas de enebro

3/4 c.p. de romero

3/4 c.p. de tomillo

Sal

Pimienta

1 kg (2 1/4 lb) de carne de buey

75 g (2 1/2 oz) de panceta

1 trozo de corteza de pan de masa agria

200 g (7 oz) de nata fresca espesa

Tiempo de preparación: 30 minutos (más el tiempo de maceración y de cocción)
Por ración: 653 kcal/2741 kJ
55 g P, 46 g G, 5 g HC

Sauerbraten de Múnich

Ponga el vinagre en 350 ml de agua y lleve a ebullición. Pele la cebolla y córtela en aros. Limpie las verduras, lávelas y píquelas. Ponga las verduras en la cazuela y deje que hiervan. Deje la carne en esta marinada durante 5 días. Después, escúrrala y séquela bien.

Precaliente el horno a 200 °C (390 °F). Corte la panceta en tiras finas y meche la carne con ellas. Caliente la manteca de cerdo en una rustidera y ase la carne por todos los lados. Vierta 500 ml de marinada junto con la cebolla, la verdura, las especias y la corteza de pan.

Ponga la carne en el horno durante unas 2 horas. Vaya rociándola con su propio jugo de vez en cuando. Sáquela de la rustidera y resérvela caliente. Pase la salsa por un chino. Agréguele la nata y deje que reduzca. Salpimiente. Corte la carne en rodajas y sírvala con la salsa.

Para 4 personas

Sal

800 g (1 3/4 lb) de pecho de buey

1 zanahoria

1/4 de bulbo de apio

1 puerro

125 g (4 1/2 oz) de pasas

75 g (2 1/2 oz) de galletas de pimienta ralladas (especialidad alemana)

70 g (2 1/2 oz) de bastoncillos de almendras

El zumo de medio limón

Pimienta

Azúcar

Tiempo de preparación:
20 minutos
(más el tiempo de cocción)
Por ración: 608 kcal/2552 kJ
47 g P, 29 g G, 39 g HC

Carne con salsa de pasas

Ponga 1 litro de agua a hervir en una cazuela e introduzca la carne en ella.

Limpie la zanahoria y el apio, lávelos, pélelos y córtelos en dados. Limpie el puerro, lávelo y córtelo en aros. Incorpore las verduras a la carne y deje cocer durante 1 1/2 hora. Quite la espuma del caldo que se vaya formando.

Saque la carne, escúrrala y córtela en lonjas. Resérvela caliente. Pase 1/2 litro del caldo por un colador, póngalo en una cazuela y agregue las pasas y las galletas. Aderece con sal, pimienta, azúcar, zumo de limón y añada las almendras.

Distribuya la carne en platos individuales y rocíela con la salsa de pasas. Sirva con patatas hervidas.

Rollitos de buey

Para 4 personas

4 filetes de buey

Sal

Pimienta

2.c.s. de mostaza

125 g (4 1/2 oz) de panceta

2 panecillos del día anterior

1 cebolla

500 g (1 lb) de carne picada de buey

2 huevos

2 c.s. de perejil recién picado

3 c.s. de aceite de oliva

1 c.s. de harina

100 g (3 1/2 oz) de crema agria

Tiempo de preparación:
30 minutos
(más el tiempo de cocción)
Por ración: 608 kcal/2552 kJ
68 g P, 30 g G, 16 g HC

Frote los filetes con sal y pimienta y úntelos con mostaza. Corte la panceta en lonchas o en tiras . Remoje los panecillos. Pele la cebolla y píquela.

Mezcle la carne picada con la cebolla, los huevos, el perejil y el pan bien escurrido. Salpimiente generosamente.

Reparta la masa de carne sobre los filetes, enróllelos y fíjelos con palillos.

Caliente el aceite en una sartén y fría bien los rollitos por todos los lados. Agregue la panceta y ásela también. A continuación, coloque la panceta sobre los rollitos, vierta un poco de agua, tape y deje cocer durante 40 minutos.

Retire los rollitos de la sartén y resérvelos calientes. Espese la salsa con harina, agregue la crema agria y sazone. Sirva los rollitos enteros o cortados en rodajas.

Para 4 personas

750 g (1 3/4 lb) de solomillo de buey

1 cebolla

1 chirivía

3 c.s. de aceite de oliva

1 c.p. de sal

15 granos de pimienta

500 ml de caldo de carne

1 c.s. colmada de harina

2 c.s. de rábano picante de bote

Perejil para decorar

Tiempo de preparación:
25 minutos
(más el tiempo de cocción)
Por ración: 288 kcal/1208 kJ
42 g P, 11 g G, 5 g HC

Solomillo con salsa de rábano picante

Limpie el solomillo de piel y tendones. Pele la cebolla y píquela. Limpie la chirivía y la zanahoria, pélelas y córtelas en dados.

Caliente el aceite en una cazuela y rehogue la cebolla, la chirivía y la zanahoria.

Incorpore la carne y sigua rehogando. Agregue la sal y los granos de pimienta, vierta un poco de caldo, tape y deje cocer a fuego lento durante 30 minutos. Añada más caldo si fuera necesario.

Saque la carne de la cazuela y resérvela caliente. Pase la salsa por un chino, lleve a ebullición y espésela con harina. Aderece con el rábano picante. Corte la carne en lonjas y sírvala con la salsa de rábano picante y patatas cocidas adornadas con perejil.

Carne guisada con salsa de nueces

Limpie las verduras para sopa, pele las zanahorias y el apio y píquelos. Pele las cebollas y córtelas en dados.

Caliente el aceite en una rustidera y ase bien la carne por todos los lados. Salpimiente. Agregue las verduras y la cebolla y rehogue unos minutos. Vierta el vino y deje cocer a fuego lento durante 1 1/2 hora.

Retire la carne de la rustidera y resérvela caliente. Pase la salsa por un chino, póngala en una cazuela y añada las nueces picadas y la nata líquida.

Caliente la salsa y sazónela con sal, pimienta, cayena y *grappa.* Corte la carne en lonjas y sírvala decorada con la salsa. Acompañe este plato con patatas, pasta, verdura o ensalada.

Para 4 personas

1 manojo de verduras para sopa

4 cebollas

3 c.s. de aceite de oliva

1 kg (2 1/4 lb) de carne de buey para guisar

Sal

Pimienta

250 ml de vino blanco seco

100 g (3 1/2 oz) de nueces

100 g (3 1/2 oz) de nata líquida

1/2 c.p. de cayena en polvo

2 c.s. de *grappa*

Tiempo de preparación: 20 minutos (más el tiempo de cocción)
Por ración: 660 kcal/2772 kJ
57 g P, 38 g G, 11 g HC

Para 4 personas

350 g (3/4 lb) de hierbas variadas de temporada (p. ej. perejil, cebollino, perifollo, pimpinela, acedera, borrajas, berros)

4 huevos

El zumo de 1 limón grande

4 c.s. de aceite de oliva

2 c.s. de mostaza

250 g (9 oz) de yogur

250 g (9 oz) de crema agria

Sal

Pimienta

Tiempo de preparación:
20 minutos
(más el tiempo de cocción
y de refrigeración)
Por ración: 288 kcal/1210 kJ
14 g P, 20 g G, 9 g HC

Salsa verde de Fráncfort

Lave las hierbas, escúrralas y separe las hojas de los tallos. Pique las hojas en el robot de cocina.

Cueza los huevos durante 10 minutos hasta que estén duros, asústelos con agua fría y deje enfriar. A continuación, pélelos y píquelos.

Ponga el zumo de limón junto con el aceite, la mostaza, el yogur y la crema agria en un bol y mezcle bien. Salpimiente.

Agregue las hierbas y los huevos a la mezcla y remueva bien. Deje reposar en la nevera durante unas 2 horas.

Pecho de buey

Frote la carne con sal y pimienta. Caliente el caldo de carne en un recipiente grande y cueza la carne en él a fuego lento durante 1 1/2 hora.

Pele las patatas, las zanahorias y el apio y pártalos en bastoncillos. Limpie el puerro y córtelo en aros. Caliente el aceite en una cazuela y rehogue las verduras brevemente. Vierta 200 ml de caldo de verduras, deje cocer a fuego lento unos 10 minutos y escurra.

Lave las hierbas, escúrralas y píquelas. Mézclelas con la mantequilla reblandecida. Incorpore el resto del caldo, bata bien hasta que aparezca espuma y enriquezca con la nata. Aderece con la sal, la pimienta y el zumo de limón.

Saque la carne del caldo, escúrrala y córtela en lonjas finas. Sirva la carne y las verduras rociadas con la salsa.

Para 4 personas

1 kg (2 1/4 lb) de pecho de buey

Sal, pimienta

1 1/2 litro de caldo de carne

300 g (11 oz) de patatas

3 zanahorias

1/2 apio

1 puerro

2 c.s. de aceite de oliva

300 ml de caldo de verduras

100 g (3 1/2 oz) de hierbas frescas variadas

100 g (3 1/2 oz) de mantequilla

50 ml de nata líquida

Zumo de limón

Tiempo de preparación:
30 minutos
(más el tiempo de cocción)
Por ración: 695 kcal/2919 kJ
40 g P, 52 g G, 15 g HC

Cordero

Para 4 personas

3 c.s. de aceite de oliva
3 cebollas
750 g (1 3/4 lb) de chuletas de cordero
1 diente de ajo
250 ml de caldo de carne
Sal
Pimienta
5 tomates
4 patatas
1/4 c.p. de tomillo
1 hoja de laurel
1 c.p. de azúcar

Tiempo de preparación:
15 minutos aprox.
(más el tiempo de cocción)
Por ración: 755 kcal/3171 kJ
64 g P, 35 g G, 46 g HC

SUGERENCIA

En lugar de chuletas de cordero también puede utilizar chuletas cerdo.

Estofado de tomates

Caliente el aceite. Pele las cebollas, córtelas en aros y fríalas en el aceite hasta que estén bien doradas. Incorpore las chuletas de cordero. Pele el ajo, májelo y añádalo.

Agregue el caldo y salpimiente. Remueva bien, tape y de cocer a fuego lento durante 1 hora.

Escalde los tomates durante 30 segundos, pélelos y córtelos en dados. Pele las patatas, lávelas y córtelas también en dados.

Incorpore los tomates y las patatas junto con el tomillo, el laurel y el azúcar. Siga cociendo otros 10 minutos hasta que las patatas estén hechas. Sirva el estofado con arroz.

Para 4 personas

8 chuletas de cordero pequeñas

Aceite de oliva

Varias ramitas de romero

2 dientes de ajo

Sal

Pimienta

Tiempo de preparación:
15 minutos aprox.
Por ración: 605 kcal/2541 kJ
51 g P, 45 g G, 1 g HC

Chuletas de cordero con romero

Lave las chuletas de cordero y séquelas.

Caliente aceite en una sartén y fría las chuletas a fuego fuerte durante unos 5 minutos por un lado y durante 5 minutos más por el otro.

Entre tanto lave el romero, escúrralo y separe las hojitas de los tallos. Agregue las hojas de romero a la sartén y siga cocinando durante 5 minutos. Saque las chuletas de la sartén.

Pele el ajo, májelo y rehóguelo en la grasa que ha quedado en la sartén. Ponga de nuevo las chuletas en ésta, deles la vuelta varias veces, salpimiente y sirva.

Cordero

Gulasch de cordero

Para 6 personas

1 kg (2 $^{1}/_{4}$ lb) de espalda de cordero deshuesada

2 cebollas

3 dientes de ajo

1 manojo de cebolletas

3 patatas

3 zanahorias

$^{1}/_{2}$ bulbo de apio

3 c.s. de aceite de oliva

3 c.s. de harina

1 manojo de perejil fresco picado

1 manojo de eneldo fresco picado

Sal

Pimienta

Tiempo de preparación:
30 minutos aprox.
(más el tiempo de cocción)
Por ración: 503 kcal/2111 kJ
23 g P, 23 g G, 49 g HC

Lave la carne, séquela cuidadosamente con papel de cocina y córtela en dados. Pele las cebollas y los ajos y córtelos en cuartos. Limpie las cebolletas, lávelas y córtelas en aros.

Lave y pele las patatas, las zanahorias y el apio. Corte las patatas en gajos finos y las zanahorias y el apio en bastoncillos. Ponga los dados de carne en una cazuela, cúbralos con agua y cuézalos durante 5 minutos. Sáquelos del agua y deje que escurran.

Caliente el aceite en una cazuela y dore la carne por todos los lados. Incorpore la cebolla y el ajo y siga rehogando sin dejar de remover. Tamice la harina por encima y mezcle bien.

Cubra la carne con 1 litro de agua, deje que hierva durante 15 minutos y agregue entonces las cebolletas, las patatas, las zanahorias y el apio, así como las hierbas. Salpimiente.

Cubra la cazuela con papel vegetal y ponga la tapadera encima. Deje cocer otros 15 minutos. Rectifique la sazón. Sirva el *gulasch* acompañado de tortas de pan.

SUGERENCIA

En lugar de cubrir la cazuela con papel vegetal, puede tapar la carne con hojas de lechuga, con lo que se acelera el proceso de cocción.

Para 4 personas

250 g (9 oz) de champiñones
4 c.s. de aceite de oliva
Sal
Pimienta
600 g (1 1/4 lb) de carne de la pierna del cordero
1 c.s. de zumo de limón
1/2 c.p. de pimentón dulce
1/2 c.p. de cilantro molido
1 c.p. de romero fresco picado
2 tomates
2 dientes de ajo
1 c.s. de alcaparras
4 c.s. de nata agria

Tiempo de preparación: 25 minutos aprox.
(más el tiempo de cocción)
Por ración: 270 kcal/1134 kJ
46 g P, 7 g G, 4 g HC

Cordero con tomate y alcaparras

Limpie los champiñones, lávelos y córtelos en láminas. Caliente 2 cucharadas de aceite en una sartén y rehogue los champiñones. Salpimiente y reserve.

Lave la carne, séquela suavemente con papel de cocina y córtela en tiras. Rocíela inmediatamente con zumo de limón. Caliente el aceite restante en otra sartén y fría la carne a fuego fuerte por todos los lados. Condimente con pimentón, cilantro y romero.

Con un cuchillo practique una cruz en la parte superior de los tomates, escáldelos, pélelos, despepítelos y córtelos en dados. Pique el ajo pelado y las alcaparras.

Incorpore los tomates, el ajo y las alcaparras a la carne y rehogue unos instantes. A continuación, agregue los champiñones y siga rehogando. Enriquezca el plato con la nata agria.

Tas Kebab de cordero

Lave la carne y séquela con papel de cocina. Pele las cebollas y córtelas en aros. Lave los tomates y córtelos en octavos. Caliente aceite en una cazuela y ase la carne en ella. Agregue después los aros de cebolla.

Tras 5 minutos de cocción, espolvoree la carne con la harina y añada el concentrado de tomate. Incorpore los tomates y 1 litro de agua. Lleve a ebullición y espume.

Pele las zanahorias, el ajo y el apio. Corte las zanahorias y el apio en rodajas y pique el ajo. Limpie el pimiento, lávelo, quítele las semillas y pártalo en dados.

Incorpore todos los ingredientes a la carne. Deje que hierva a fuego lento durante 1 hora aproximadamente. Prepare el arroz siguiendo las instrucciones del envase. Saque la carne de la cazuela y córtela en dados. Sazone las verduras con las especias. Reparta el *Tas Kebab* en platos individuales y decore con perejil.

Para 4-6 personas

1 kg (2 1/4 lb) de carne de cordero deshuesada

3 cebollas

500 g (1 lb) de tomates

Aceite de oliva

100 g (3 1/2 oz) de harina

1 lata de concentrado de tomate

2 zanahorias

2 dientes de ajo

50 g (1 3/4 oz) de apio

1 pimiento verde

Sal, pimienta

250 g (9 oz) de arroz

Perejil picado para decorar

Tiempo de preparación:
35 minutos aprox.
(más el tiempo de cocción)
Por ración: 807 kcal/3389 kJ
27 g P, 1 g G, 89 g HC

Espalda de cordero

Para 4 personas

500 g (1 lb) de zanahorias
2 cebollas
1 diente de ajo
1 puerro
Sal de curado
1 c.p. de tomillo
10 bayas de enebro
5 granos de pimienta
2 hojas de laurel
1 $^1/_2$ kg (3 $^1/_4$ lb) de espalda de cordero deshuesada
3 chalotes
2 tallos de apio
3 c.s. de aceite de oliva
Sal
Pimienta
$^1/_2$ c.p. de rábano picante recién rallado
Perejil
Mejorana

Tiempo de preparación:
45 minutos aprox.
(más el tiempo de cocción
y de reposo)
Por ración: 285 kcal/1140 kJ
42 g P, 11 g G, 4 g HC

Para preparar la salazón, pele y trocee 2 zanahorias, las cebollas y el ajo; limpie el puerro y píquelo. Ponga las verduras en una cazuela con 1 $^1/_2$ litro de agua y la sal de curado. Agregue el tomillo, la pimienta, las bayas de enebro, el laurel y mezcle bien. Lleve a ebullición y a continuación deje enfriar. Incorpore la carne de modo que quede cubierta con el líquido. Tape la cazuela con papel de aluminio y deje reposar en la nevera durante unos 4 días.

Ponga en una cazuela mitad de agua y mitad de líquido de salazón con unas cuantas verduras de la salazón. Lleve a ebullición, baje el fuego y deje que hierva durante 1 $^1/_2$ hora.

Pele las zanahorias restantes y los chalotes y pártalos en dados. Limpie el apio y córtelo en rodajas. Caliente el aceite y rehogue las verduras. Vierta el caldo y cueza las verduras hasta que estén tiernas pero firmes. Condimente con rábano picante, sal, pimienta, perejil y mejorana. Retire la carne de la cazuela, deshuésela y córtela en lonchas. Sirva.

Para 4 personas

1 kg (2 1/4 lb) de espalda de cordero deshuesada
Sal
Pimienta
3 c.s. de aceite de oliva
1/8 de litro de vino tinto
300 ml de caldo de carne
1 diente de ajo
1 cebolla
1 c.p. de mejorana seca
1 c.p. de romero seco
800 g (1 3/4 lb) de patatas

Tiempo de preparación:
30 minutos aprox.
(más el tiempo de cocción)
Por ración: 548 kcal/2299 kJ
76 g P, 10 g G, 32 g HC

Asado tirolés de cordero

Frote la carne con sal y pimienta. Caliente el aceite en una rustidera y ase bien la carne por todos los lados. Vierta el vino para despegar el fondo del asado. Precaliente el horno a 180 °C (335 °F).

Pele el ajo y la cebolla, píquelos e incorpórelos a la rustidera. Añada el romero y la mejorana y ponga en el horno durante 1 hora aproximadamente. Vaya rociando la carne con el caldo poco a poco.

Lave las patatas, pélelas y trocéelas. Unos 20 minutos antes de que la carne esté lista, añada las patatas y deje que se hagan.

Una vez finalizada la cocción, espese el fondo del asado con un poco de nata. Corte la carne en lonchas y sírvala con la salsa.

Jarretes con judías blancas

Para 4 personas

250 g (9 oz) de judías blancas
4 jarretes de cordero
Sal
Pimienta negra
3 c.s. de harina
1 cebolla
2 dientes de ajo
1/2 bulbo de apio
2 zanahorias
1 puerro
3 c.s. de aceite de oliva
2 ramitas de romero
2 hojas de laurel
175 ml de vino tinto
2 c.s. de concentrado de tomate

Tiempo de preparación:
2 horas, 45 minutos aprox.
(más el tiempo de remojo)
Por ración: 720 kcal/3024 kJ
56 g P, 47 g G, 12 g HC

Ponga las judías en remojo todo la noche. Al día siguiente escúrralas. Lave los jarretes y séquelos con papel de cocina. Salpimiéntelos y luego páselos por harina.

Pele la cebolla y córtela en aros. Pele el ajo y píquelo. Pele el apio y pártalo en dados. Pele las zanahorias y córtelas en rodajas. Limpie el puerro, lávelo y córtelo en aros. Precaliente el horno a 160 °C (320 °F).

Caliente el aceite de oliva en una cazuela y ase en él los jarretes por todos los lados. Sáquelos de la cazuela y resérvelos. Incorpore ahora la cebolla, el ajo y las verduras y rehogue durante 5 minutos.

Devuelva los jarretes a la cazuela, añada el romero, el laurel y el vino. Deje que el líquido reduzca. Mezcle el concentrado de tomate con un poco de agua y agréguelo. A continuación, incorpore las judías y salpimiente.

Tape la cazuela y póngala en el horno durante 1 hora. Añada unos 150 ml de agua si lo cree necesario. Siga horneando 1 hora más hasta que la carne esté bien tierna.

SUGERENCIA

Acompañe este plato de origen griego con queso *quark* de ajo y tortas de pan.

Linguine con ragú de cordero

Para 4 personas

400 g (14 oz) de carne de la espalda del cordero

50 g (1 3/4 oz) de tocino entreverado ahumado

1 cebolla

1 diente de ajo

1 tallo de apio de 50 g (1 3/4 oz) aprox.

2 tomates

2 ramitas de romero

1 c.s. de aceite de oliva

50 g (1 3/4 oz) de pasas

2 c.s. de almendras molidas

150 ml de vino tinto

150 ml de caldo de verduras

50 g (1 3/4 oz) de almendras laminadas

400 g (14 oz) de *linguine*

Sal

Pimienta

Tiempo de preparación:
30 minutos aprox.
(más 2 horas de cocción)
Por ración: 595 kcal/2500 kJ
36 g P, 33 g G, 37 g HC

SUGERENCIA

Pruebe la misma receta con carne de reno. En este caso, al finalizar la salsa añádale 2 cucharadas de mantequilla.

Corte la carne y la panceta en dados muy pequeños. Pele la cebolla y el ajo y píquelos. Quite las hebras al apio y córtelo en rodajas. Lave los tomates, despepítelos y pártalos en dados. Separe las hojas de romero del tallo y píquelas.

Saltee la carne y el tocino en una cazuela mediana con aceite de oliva durante 5 minutos. Incorpore la cebolla, el ajo, el apio, las almendras molidas y siga salteando 2 minutos más. Agregue los tomates y el romero, vierta el vino y deje que reduzca durante 5 minutos. Añada entonces el caldo. Salpimiente, tape la cazuela y deje cocer a fuego medio unas 2 horas. Remueva de vez en cuando y, si fuera necesario, agregue un poco de agua.

Tueste las almendras laminadas bajo el grill del horno hasta que estén bien doradas. Cueza la pasta *(linguine)* en agua con sal siguiendo las instrucciones del envase. Escúrrala y mézclela con el ragú. Espolvoree el ragú de cordero con las almendras tostadas y sirva inmediatamente.

Chuletas de cordero con salsa verde

Lave los limones, séquelos, ralle la piel y exprima el zumo. Mezcle 1 cucharadita de ralladura con 2 cucharadas de zumo de limón, 2 cucharadas de aceite y la mostaza. Ponga las chuletas en la marinada y deje macerar durante 4 horas.

Para preparar la salsa. Lave el perejil y escúrralo. Tritúrelo en el robot de cocina junto con las anchoas, el resto de la ralladura y 1 cucharada de zumo de limón. Pele el ajo, májelo e incorpórelo junto con 2 cucharadas de aceite. Tape y deje macerar durante 2 horas.

Precaliente el horno a 200 °C (390 °F). Saque la carne de la marinada y ásela en 1 cucharada de aceite. Póngala en el horno a 200 °C (390 °F) y déjela 15 minutos. Cuando esté tierna, dispóngala en platos individuales junto con la salsa y las alcaparras escurridas.

Para 4 personas

2 limones
5 c.s. de aceite de oliva
1 c.s. de mostaza
4 chuletas de cordero
1 manojo de perejil
3 anchoas
2 dientes de ajo
2 c.s. de alcaparras pequeñas

Tiempo de preparación:
15 minutos aprox.
(más el tiempo de cocción)
Por ración: 460 kcal/1932 kJ
49 g P, 25 g G, 7 g HC

Cordero con salsa de zanahoria

Para 4 personas

750 g ($1\ ^{3}/_{4}$ lb) de carne de cordero

2 cebollas pequeñas

1 puerro

6 zanahorias grandes

1 trozo de apio

2 calabacines

3 c.s. de aceite de oliva

1 guindilla roja

5 tomates

1 lata pequeña de garbanzos de 300 g (11 oz) aprox.

200 ml de leche

1 c.p. de sal

Pimienta

Tiempo de preparación:
25 minutos aprox.
(más el tiempo de cocción)
Por ración: 908 kcal/3812 kJ
50 g P, 65 g G, 31 g HC

INFORMACIÓN

Las zanahorias dan a la salsa un sabor ligeramente dulce que no sólo combina con el cuscús sino también con el arroz.

Corte la carne en dados grandes. Pele las cebollas y píquelas. Limpie el puerro, lávelo y córtelo en aros.

Limpie, lave y pele las zanahorias y el apio y córtelos en bastoncillos. Lave el calabacín y pártalo en dados pequeños. Reserve las verduras.

Caliente el aceite en una cazuela y saltee las cebollas unos 5 minutos. Incorpore los dados de carne y áselos sin dejar de remover. A continuación, agregue las verduras y siga rehogando otros 5 minutos.

Limpie las guindillas, lávelas y añádalas a la cazuela. Lave los tomates, córtelos en cuartos y agréguelos. Tape la cazuela, baje el fuego y deje cocer durante unos 20 minutos.

Por último, incorpore los garbanzos y la leche, deje que hierva y salpimiente generosamente. Vuelva a tapar y siga cocinando 20 minutos más con el fuego bajo. Sirva con cuscús.

Para 4 personas

500 g (1 lb) de carne picada de cordero

50 g (1 3/4 oz) de arroz

1/2 c.p. de sal

1/2 c.p. de alcaravea molida

1 c.p. de pimienta

2 c.s. de vinagre

2 cebollas pequeñas

3 c.s. de aceite de oliva

2 c.s. de concentrado de tomate

2 c.s. de perejil fresco picado

Tiempo de preparación:
40 minutos aprox.
Por ración: 348 kcal/1460 kJ
26 g P, 21 g G, 13 g HC

Albóndigas de carne con tomate

En un cuenco grande mezcle la carne picada con el arroz, la sal, la alcaravea y la pimienta.

Humedézcase las manos con vinagre y forme bolas del tamaño de una nuez con la mezcla de carne picada.

Pele las cebollas y píquelas. Caliente el aceite en una sartén y rehogue las cebollas. Agregue el concentrado de tomate, deje cocer brevemente y añada entonces 400 ml de agua. Lleve a ebullición sin dejar de remover.

Incorpore las albóndigas a la salsa y deje cocer a fuego lento hasta que el arroz esté hecho. La salsa debe haber reducido un poco. Sirva las albóndigas espolvoreadas con perejil.

Para 4 personas

1 c.p. de semillas de comino

1 c.p. de semillas de cilantro

1 c.p. de semillas de fenogreco

750 g (1 3/4 lb) de carne de cordero

4 c.s. de *ghee* o aceite de oliva

1 cebolla picada

7 dientes de ajo picados

1 trozo de jengibre rallado de 4 cm aprox.

1 c.p. de *garam masala*

1 lata de tomates de 400 g (14 oz)

2 c.s. de concentrado de tomate

4 guindillas rojas frescas, picadas

4 guindillas rojas enteras

Tiempo de preparación:
20 minutos aprox.
(más el tiempo de cocción)
Por ración: 313 kcal/1313 kJ
56 g P, 8 g G, 5 g HC

Cordero Phall

Muela el comino, el cilantro y el fenogreco. Corte la carne de cordero en dados de unos 2 cm. Precaliente el horno a 175 °C (350 °F).

Caliente la mitad del *ghee* y saltee la cebolla, el ajo y el jengibre hasta que estén dorados. Agregue la mezcla de especias junto con el *garam masala* y deje cocer a fuego medio unos 10 minutos.

Ase la carne en el *ghee* restante. Coloque la carne y la salsa en un recipiente refractario, tápelo y póngalo en el horno precalentado durante 1 1/2 hora. Sirva este plato acompañado de arroz basmati y judías verdes con tomate.

INFORMACIÓN

El *garam masala* es la mezcla de especias más importante de la cocina de la India septentrional y de Pakistán. Siempre se utiliza con moderación.

Cordero Biryani

Para 4 personas

1 c.p. de hebras de azafrán

250 g (9 oz) de arroz basmati

2 dientes de ajo

2 cebollas

1 trozo de jengibre fresco de 2 cm aprox.

600 g (1 1/4 lb) de carne de cordero deshuesada

Sal

2 clavos de olor

1/2 c.p. de granos de pimienta negra

2 vainas de cardamomo

1 c.p. de semillas de comino

Canela en rama de 2 cm

2 c.s. de *ghee* o aceite de oliva

Nuez moscada

Guindilla en polvo

180 g (6 1/2 oz) de yogur natural

4 c.s. de pasas

4 c.s de almendras laminadas

Tiempo de preparación:
40 minutos aprox.
(más el tiempo de cocción)
Por ración: 580 kcal/2436 kJ
175 g P, 14 g G, 61 g HC

Ponga el azafrán en remojo en un poco de agua tibia y reserve. Lave el arroz y déjelo en remojo durante 30 minutos. Pele el ajo y la cebolla y corte ésta en láminas. Pele el jengibre y rállelo. Corte la carne en trozos pequeños.

Ponga agua con sal a hervir y cueza el arroz durante 6 minutos. Escúrralo y resérvelo. Muela el ajo con el jengibre, los clavos de olor, la pimienta, el cardamomo, el comino y la canela en un mortero.

Saltee la cebolla en el *ghee* hasta que esté dorada. Agregue la mezcla de especias, un poco de nuez moscada recién rallada y la guindilla, y caliente durante 1 minuto removiendo constantemente. Incorpore la carne y ásela bien por todos los lados.

Añada el yogur, las pasas y el agua con azafrán, lleve a ebullición y deje que hierva a fuego lento unos 40 minutos. Coloque el arroz en forma de pirámide sobre una fuente de servir.

Tape la cazuela y siga cocinando la carne unos 10 minutos más. Retírela del fuego y deje que repose durante 5 minutos. Espolvoree el arroz con las almendras y sirva.

SUGERENCIA

Este plato también se puede preparar con carne de cerdo.

Cordero

Pierna de cordero con especias

Para 4-5 personas

2 kg (4 1/2 lb) de pierna de cordero

100 g (3 1/2 oz) de mantequilla

Sal

Pimienta negra

1 cebolla grande

2 dientes de ajo

1/2 c.p. de comino molido

1/4 c.p. de canela molida

1/4 c.p. de jengibre molido

1/4 c.p. de cayena molida

1/4 c.p. de cúrcuma

4 c.s. de aceite de oliva

Tiempo de preparación:
2 horas aprox.
Por ración: 698 kcal/2932 kJ
109 g P, 47 g G, 3 g HC

Precaliente el horno a 180 °C (355 °F). Lave la pierna de cordero, séquela con papel de cocina, úntela con 50 g de mantequilla derretida y frótela con sal y pimienta.

Pele la cebolla y el ajo y píquelos. A continuación, mézclelos con las especias. Agregue el aceite de oliva, 1/4 de litro de agua y mezcle bien.

Reparta la mitad de la mezcla sobre la carne y ponga la otra mitad en una rustidera engrasada, añada la mantequilla restante e incorpore la pierna de cordero.

Deje reposar durante 1 hora. A continuación, ásela en el horno durante 1 1/2-2 horas, hasta que esté hecha y la superficie esté crujiente.

Saque la pierna de cordero de la rustidera y sírvala con patatas al tomillo y judías verdes o ensalada.

SUGERENCIA

Este plato marroquí también puede servirse acompañado de arroz o pasta.

Cazuela de cordero con fideos de arroz

Para 4 personas

750 g (1 $\frac{3}{4}$ lb) de pierna de cordero deshuesada

500 g (1 lb) de tomates

2 cebollas

2 dientes de ajo

4 c.s. de aceite de oliva

$\frac{1}{4}$ de litro de fondo de cordero

Sal

Pimienta negra

1 manojo de tomillo fresco

200 g (7 oz) de fideos de arroz

$\frac{1}{4}$ de litro de vino blanco seco

50 g (1 $\frac{3}{4}$ oz) de queso recién rallado

Tiempo de preparación:
2 horas aprox.
Por ración: 693 kcal/2909 kJ
66 g P, 22 g G, 47 g HC

Lave bien la carne, séquela ligeramente y córtela en dados. Precaliente el horno a 200 °C (390 °F).

Con un cuchillo practique una cruz en la parte superior de los tomates y luego escáldelos, pélelos, despepítelos y córtelos en dados. Pele y pique la cebolla y el ajo.

Caliente el aceite en una cazuela grande y ase bien la carne por todos los lados. Agregue el ajo y la cebolla y rehogue.

Incorpore los tomates y vierta el caldo. Salpimiente. Lave el tomillo, escúrralo, pique las hojas y añádalo. Tape la cazuela y póngala en el horno durante 1 hora, aproximadamente.

Transcurrido el tiempo de cocción, agregue $\frac{1}{4}$ de litro de agua, el vino blanco y los fideos de arroz. Añada un poco más de agua si fuera necesario. Rectifique de sal y pimienta y sirva espolvoreado con queso rallado.

SUGERENCIA

Este plato también se puede preparar con carne de vacuno. Sírvalo con vino blanco.

Para 4 personas

2 dientes de ajo

50 g (1 3/4 oz) de hierbas variadas (p.ej. tomillo, mejorana, romero)

Sal

Pimienta

1/2 c.p. de vinagre de hierbas

Aceite de oliva

1 pierna de cordero de 1 1/4 kg (2 3/4 lb)

1 manojo de verduras para sopa

1 cebolla

100 g (3 1/2 oz) de panceta ahumada

Un poco de harina

200-300 ml de fondo de cordero

125 ml de nata fresca espesa

Tiempo de preparación:
30 minutos aprox.
(más el tiempo de maceración y de cocción)
Por ración: 520 kcal/2184 kJ
78 g P, 21 g G, 4 g HC

Pierna de cordero al estilo tirolés

Pele el ajo y píquelo. Lave las hierbas, escúrralas y píquelas. Confeccione una marinada con el ajo, las hierbas, sal, pimienta, vinagre de hierbas y un poco de aceite. Ponga la carne a macerar en la marinada durante 2 horas.

Precaliente el horno a 220 °C (430 °F). Caliente el horno y ase la pierna de cordero por todos los lados hasta que esté dorada. A continuación, métala en el horno durante 1 1/2 hora; vaya reduciendo la temperatura poco a poco hasta 160 °C (320 °F) o 140 °C (285 °F). Humedezca la carne de vez en cuando con su propio jugo. Transcurridos 45 minutos, dele la vuelta.

Lave y limpie las verduras para sopa. Pele las zanahorias y el apio y píquelos. Después de 1 hora de cocción, incorpore las verduras a la carne. Una vez lista, déjela reposar en el horno otros 15 minutos. Pele las cebollas y córtelas en aros. Corte la panceta en tiras. Rehogue ambos ingredientes en una sartén y resérvelos calientes.

Retire la carne de la rustidera, vierta el fondo de cordero en ella y lleve a ebullición. Pase la salsa por un chino y espésela con un poco de harina. Agregue la nata fresca.

Corte la carne en lonchas, esparza la panceta y la cebolla por encima y sirva con la salsa. Acompañe con patatas fritas en dados.

Sosaties con albaricoques

Pele las cebollas y los ajos, corte las primeras en cuartos y pique los segundos. Ponga ambos en una cazuela.

Agregue la mermelada de albaricoque, el azúcar, el *curry* en polvo, la maizena y el vinagre. Mezcle bien, deje que hierva 5 minutos y reserve.

Corte la carne en trozos pequeños y colóquela en la marinada todavía caliente. Tape la cazuela y deje macerar en la nevera durante 12 horas.

Al día siguiente, remoje los albaricoques en un poco de agua caliente durante 30 minutos. A continuación, ensártelos en las brochetas remojadas previamente alternando trozos de carne. Salpimiente y ase las brochetas de carne o *sosaties* sobre la barbacoa de carbón durante unos 10 minutos. Mientras las asa, vaya dándoles la vuelta y untándolas con la marinada.

Para 4 personas

5 cebollas

5 dientes de ajo

6 c.s. de mermelada de albaricoque

1 c.s. de azúcar moreno

2 c.s. de *curry* en polvo

1 c.p. de maizena

1 c.s. de vinagre de vino

800 g (1 3/4 lb) de carne de cordero

150 g (5 1/2 oz) de albaricoques secos

Pimienta, sal

4 brochetas de madera

Tiempo de preparación:
20 minutos
(más el tiempo de maceración y de cocción)
Por ración: 475 kcal/1995 kJ
61 g P, 8 g G, 37 g HC

Kebab de cordero con yogur

Para 4 personas

675 g (1 1/2 lb) de espalda de cordero

1 cebolla grande

2 dientes de ajo

El zumo de 1 limón

5 c.s. de aceite de oliva

1 c.p. de comino molido

2 c.p. de pimentón

675 g (1 1/2 lb) de tomates

1 pizca de azúcar

1 c.p. de concentrado de tomate

30 g (1 oz) de piñones

2 panes de pita

350 ml de yogur natural entero

1/2 manojo de perejil plano fresco, picado

4 brochetas de metal

Tiempo de preparación:
55 minutos aprox.
(más el tiempo de maceración)
Por ración: 543 kcal/2279 kJ
56 g P, 29 g G, 13 g HC

SUGERENCIA

Lave la carne, séquela y córtela en dados. Pele la cebolla, rállela y aplaste los dientes de ajo con el cuchillo.

Mezcle la cebolla y el ajo con el zumo de limón, 2 cucharadas de aceite, el comino, 1 cucharadita de pimentón, sal y pimienta y vierta la mezcla sobre la carne. Deje macerar por lo menos 4 horas (dele la vuelta de vez en cuando).

Para preparar la salsa, haga una cruz con el cuchillo en la parte superior de los tomates, escáldelos con agua hirviendo, pélelos, despepítelos y pique la pulpa. Caliente 1 cucharada de aceite y rehogue los tomates junto con el azúcar, el concentrado de tomate, sal y pimienta durante unos 10 minutos.

Precaliente el grill del horno al máximo. Saque la carne de la marinada y ensártela en las brochetas metálicas. Ase los *kebabs* 5 minutos por cada lado y úntelos de marinada varias veces mientras lo hace. Tueste los piñones sin grasa. Parta los panes por la mitad y tuéstelos también.

Disponga los trozos de pan en una fuente de servir, esparza la salsa de tomate sobre ellos y coloque los *kebabs* encima. Reparta el yogur sobre las brochetas y espolvoree con los piñones. Caliente el resto del aceite y mezcle con 1 cucharadita de pimentón. Unte la carne con la mezcla y decore con perejil.

Para 4 personas

1 espalda de cordero deshuesada de 1 kg (2 1/4 lb) aprox.

3 cebolla rojas

2 pimientos rojos

5 c.s. de aceite de oliva

El zumo de 1 limón

1 c.p. de orégano seco

1/2 c.p. de pimentón dulce

Sal

Pimienta negra

2 dientes de ajo

Tiempo de preparación:
1 hora aprox.
(más el tiempo maceración)
Por ración: 453 kcal/1901 kJ
60 g P, 21 g G, 7 g HC

Brochetas de cordero a la griega

Lave bien la carne, séquela con papel de cocina, retire la grasa y córtela en trozos pequeños (de 4 x 4 cm aprox.).

Pela las cebollas y córtelas en cuartos. Limpie los pimientos, lávelos, quíteles las semillas y pártalos en trozos grandes.

Prepare una marinada mezclando el aceite con el zumo de limón, el orégano, el pimentón, sal, pimienta y el ajo majado en un recipiente. Incorpore la carne, tápela y deje que macere durante unas 4 o 5 horas.

Saque la carne de la marinada y séquela ligeramente. Reserve la marinada. Ensarte en las brochetas los trozos de carne, de cebolla y de pimiento alternativamente.

Unte las brochetas con la marinada. Precaliente el grill al máximo y ase las brochetas de cordero durante unos 10 minutos. A continuación, vuelva a untarlas con la marinada y siga asándolas otros 15 minutos hasta que la carne esté bien hecha por fuera y de color rosa pálido por dentro.

Para 4 personas

4 chuletas de cordero dobles de 160 g (5 1/2 oz)

3 c.s. de aceite de oliva

1 pizca de tomillo

1 cebolla

1 calabacín

1 berenjena

4 tomates cereza

Sal

Pimienta

Menta para decorar

Tiempo de preparación:
30 minutos
(más el tiempo maceración)
Por ración: 714 kcal/2989 kJ
26 g P, 65 g G, 6 g HC

Chuletas de cordero marinadas

Ponga las chuletas de cordero en un recipiente llano. Mezcle el aceite con el tomillo y viértalo sobre las chuletas.

Pele las cebollas y córtelas en aros finos. Reparta la cebolla sobre la carne, tape y deje macerar durante 1 hora; dele la vuelta de vez en cuando.

Limpie el calabacín y la berenjena, lávelos y córtelos en rodajas de 1 cm de grosor. Lave los tomates, séquelos y pártalos por la mitad.

Lave la menta, escúrrala y reserve.

Ase las chuletas sobre la parrilla bien caliente por ambos lados entre 5 y 8 minutos. Salpimiéntelas.

Ase después las rodajas de verdura y los aros de cebolla durante unos 2 minutos. Disponga la chuletas con las verduras en platos individuales, decore con los tomates y la menta y sirva.

Pierna de cordero asada

Para 4 personas

1 pierna de cordero deshuesada de 1 kg (2 1/4 lb) aprox.

Sal

Pimienta recién molida

1 ramita de romero

1 ramita de salvia

1/4 de manojo de perejil

500 ml de vino tinto

2 c.s. de aceite de oliva

1 manojo de verduras para sopa

3 tomates grandes

Azúcar

Tiempo de preparación:
45 minutos aprox.
(más el tiempo de maceración y de cocción)
Por ración: 729 kcal/3063 kJ
49 g P, 43 g G, 4 g HC

Lave la carne, séquela con cuidado y frótela con sal y pimienta.

Lave las hierbas, escúrralas, píquelas y espárzalas sobre la carne. Vierta el vino por encima y deje macerar durante 12 horas.

A continuación, saque la carne de la marinada y séquela con papel de cocina. Caliente el aceite en una rustidera y ase bien la carne por todos los lados.

Vierta la mitad de la marinada de vino por encima y deje cocer durante unos 45 minutos.

Limpie las verduras para sopa, lávelas y córtelas en dados. Haga una cruz en la parte superior de los tomates, escáldelos en agua hirviendo, pélelos y córtelos en dados.

Incorpore las verduras a la carne y salpimiente. Siga cocinando unos 20 minutos más.

Retire la carne del horno, deje que repose unos instantes y córtela en lonchas. Deje que la salsa reduzca un poco y sazónela con sal, pimienta y azúcar.

SUGERENCIA

Si fuera necesario, se debe retirar cualquier exceso de grasa y nervios de la carne. No obstante, hay que hacerlo con cuidado para evitar dañar la carne y que pierda jugo.

Cordero

Para 4 personas

600 g (1 1/4 lb) de chuletas de cordero

2 c.s. de harina

4 c.s. de aceite de oliva

Sal

250 ml de fondo de ternera

125 g (4 1/2 oz) de olivas negras

1 c.s. de orégano

1/2 guindilla seca

El zumo de 1/2 limón

Tiempo de preparación: 20 minutos
Por ración: 405 kcal/1701 kJ
45 g P, 23 g G, 5 g HC

Cordero con olivas

Lave la carne, séquela con papel de cocina, córtela en lonchas y espolvoréela con harina.

Caliente el aceite de oliva en una cazuela y ase las chuletas de cordero por ambos lados. A continuación, sazónelas y agregue 125 ml de fondo de ternera. Deje cocer a temperatura media durante unos 5 minutos, dándoles la vuelta a menudo.

Quite el hueso a las olivas, píquelas y agréguelas a la carne. Añada el orégano y la guindilla desmoronada. Vierta el resto del fondo y siga cocinando otros 5 minutos.

Cuando la carne esté hecha, aderece con limón y sirva sobre un lecho de patatas.

Ragú de cordero con champiñones

Corte la pierna de cordero en dados. Limpie los champiñones y frótelos con un paño húmedo. Pele las cebollas y trocéelas.

Precaliente el horno a 190 °C (375 °F). Caliente el aceite de oliva en una cazuela y ase la carne hasta que esté dorada. Incorpore la cebolla y siga rehogando sin dejar de remover. Agregue los champiñones, el vino blanco y suficiente agua de modo que la carne quede bien cubierta. Sazone con pimienta, sal y romero.

Destape la cazuela y póngala en el horno durante 1 hora, hasta que la carne esté tierna. Por último aderécela con el vino Marsala.

Para 4 personas

1 kg (2 1/4 lb) de pierna de cordero deshuesada

500 g (1 lb) de champiñones pequeños

200 g (7 oz) de cebolla

3 c.s. de aceite de oliva

125 ml de vino blanco seco

Sal

Pimienta

1 c.s. de romero recién picado

1 c.s. de vino Marsala

Tiempo de preparación:
25 minutos
(más el tiempo de cocción)
Por ración: 452 kcal/1900 kJ
56 g P, 13 g G, 5 g HC

Jarretes de cordero con verduras

Para 4 personas

4 jarretes de cordero con hueso
Sal
2 dientes de ajo
Pimienta
1 c.s. de aceite de oliva
1 manojo de cebolletas
4 hojas de escarola
30 g (1 oz) de mantequilla
4 zanahorias
4 patatas
4 c.s. de zumo de limón
Perejil para decorar

Tiempo de preparación:
30 minutos aprox.
(más el tiempo de cocción)
Por ración: 393 kcal/1649 kJ
32 g P, 14 g G, 34 g HC

SUGERENCIA

La carne preparada de este modo queda siempre muy jugosa. Sirva arroz como acompañamiento.

Lave los jarretes y séquelos bien con un paño. Ponga 2 litros de agua con un poco de sal en una cazuela, lleve a ebullición y hierva la carne a fuego lento durante 20 minutos. Sáquela del agua, deje que escurra y póngala en una cazuela.

Pele el ajo y májelo en el mortero con un poco de sal. A continuación, mézclelo con un poco de pimienta y aceite de oliva. Unte los jarretes con esta mezcla.

Limpie las cebolletas y la lechuga y blanquéelas en el caldo de la cocción durante 3 minutos. Deje que escurran y cubra la carne con ellas.

Vierta 375 ml del caldo de cocción sobre los jarretes. Pele las zanahorias y pártalas en bastoncillos. Pele las patatas y córtelas en dados. Ponga ambas en la cazuela con la carne. Reparta copos de mantequilla sobre la carne y cueza durante unos 45 minutos. Después ponga todo en una fuente de servir y manténgalo caliente.

Decore el plato con perejil y sirva acompañado del cado aderezado con limón, sal y pimienta.

Pierna de cordero con castañas

Para 4 personas

1 kg (2 1/4 lb) de pierna de cordero deshuesada
1 manojo de verduras para sopa
1 cebolla
2 dientes de ajo
Sal
8 granos de pimienta
90 g (3 oz) de mantequilla
2 cucharadas de harina
Pimienta
4 cucharadas de nata líquida
400 g (14 oz) de castañas
2 c.p. de vino blanco seco
Nuez moscada

Tiempo de preparación: 40 minutos (más el tiempo de cocción)
Por ración: 565 kcal/2373 kJ
75 g P, 12 g G, 39 g HC

Retire la grasa y los nervios de la carne. Limpie las verduras para sopa y córtelas en trozos pequeños. Pele y trocee el ajo y la cebolla. Llene una cazuela con suficiente agua y un poco de sal. Incorpore los huesos, las verduras para sopa, la cebolla, el ajo, las especias y lleve a ebullición. Enrolle la carne, átela y métala en la cazuela. Deje cocer a fuego moderado durante 2 horas. Después, sáquela de la cazuela y manténgala caliente. Pase el caldo por un chino.

Para preparar la salsa, derrita 40 g (1 1/2 oz) de mantequilla en una cazuela y confeccione un *roux*. A continuación, vierta 1/2 litro del caldo de cordero, removiendo constantemente, y lleve a ebullición. Deje que reduzca un poco durante 20 minutos y salpimiente. Agregue la nata.

Haga una cruz con un cuchillo en la piel de las castañas y caliéntelas en una sartén hasta que estallen. Retírelas del fuego y pélelas, incluyendo la piel del interior. Cuézalas entonces durante 10 minutos en agua hirviendo y tritúrelas seguidamente. Rehogue el puré de castañas en la mantequilla restante y aderécelo con vino, sal, pimienta y nuez moscada. Corte la carne en lonchas y sírvala acompañada de la salsa y el puré de castañas.

Para 4 personas

2 zanahorias

2 cebollas

1 diente de ajo

1 kg (2 1/4 lb) de costillar de cordero con hueso

Sal

Pimienta

1 c.p. de romero y tomillo

125 ml de fondo de cordero

400 g (14 oz) de judías verdes

125 g (4 1/2 oz) de panceta ahumada

2 c.s. de aceite de oliva

Tiempo de preparación:
40 minutos
(más el tiempo de cocción)
Por ración: 473 kcal/1985 kJ
81 g P, 12 g G, 8 g HC

Costillar de cordero con judías

Limpie las zanahorias, pélelas y córtelas en dados. Pele el ajo y las cebollas. Corte una cebolla en cuartos y pique la segunda junto con el ajo. Precaliente el horno a 200 °C (390 °F).

Con un cuchillo practique cortes en forma de cruz sobre la capa de grasa de la carne. Sazone con sal, pimienta y las especias secas. Póngala en una cazuela grande y añada las zanahorias y la cebolla. Métala en el horno 45 minutos. Transcurridos 20 minutos, vierta un poco de fondo de cordero.

Limpie las judías, lávelas y cuézalas en agua hirviendo con sal durante 15 minutos. Deje que escurran. Corte la panceta en 6 u 8 lonchas. Haga seis manojitos de judías y envuelva cada uno de ellos con una loncha de panceta.

Caliente el aceite en una sartén y rehogue la cebolla picada hasta que esté transparente. Incorpore los farditos de judías y rehóguelos unos cuantos minutos. Retire de la sartén y reserve.

Saque la carne de la cazuela y manténgala caliente. Ponga el fondo del asado en un recipiente y tritúrelo. Vierta el resto de fondo en la cazuela. Añada entonces el fondo del asado triturado, deje que hierva y condimente.

Deshuese la carne y sírvala con las judías verdes y la salsa. Acompañe con patatas.

Cazuela de cordero con quingombó

Para 4 personas

1 kg (2 1/4 lb) de carne de cordero deshuesada

Aceite de oliva

1 cebolla

2 dientes de ajo

1/2 c.s. de comino molido

1 lata de tomates de 400 g (14 oz)

150 g (5 1/2 oz) de fondo de cordero

Sal

Pimienta negra

1/2 c.p. de azúcar

400 g (14 oz) de quingombó

Tiempo de preparación:
2 horas aprox.
Por ración: 498 kcal/2090 kJ
78 g P, 17 g G, 7 g HC

Lave la carne, retírele la piel y los nervios y córtela en dados. Caliente aceite en una sartén y fría la carne. Pásela entonces a una cazuela.

Precaliente el horno a 180 °C (355 °F). Pele la cebolla y el ajo y píquelos. Póngalos en la sartén y rehóguelos 2 o 3 minutos. Agregue el comino, los tomates con su jugo y el fondo de cordero y deje que hierva a fuego lento varios minutos.

Vierta el líquido sobre la carne y aderécela con sal, pimienta y azúcar. Póngala en el horno durante 1 1/4 hora, aproximadamente.

Entre tanto, limpie el quingombó y quítele los rabitos sin dañarlo. Lávelo, séquelo con cuidado y rehóguelo en el aceite restante.

Incorpórelo a la carne, tape la cazuela y siga cociendo otros 30 minutos hasta que la carne esté tierna. Sirva con arroz y pasta.

SUGERENCIA

Si no puede encontrar quingombó, sustitúyalo por judías verdes o habas.

Para 6 personas

1 pierna de cordero de 2 kg (4 1/2 lb) aprox. con hueso
1 cabeza de ajos
1 kg (2 1/4 lb) de patatas
El zumo de 1 limón
Aceite de oliva
1/2 c.p. de salvia seca
1/2 c.p. de tomillo seco
1/2 c.p. de eneldo seco
Sal
Pimienta negra

Tiempo de preparación:
1 hora, 50 minutos aprox.
Por ración: 1558 kcal/6524 kJ
133 g P, 97 g G, 40 g HC

SUGERENCIA

En esta receta puede incluir cebollas y verduras. Agréguelas 20 minutos antes de finalizar la cocción.

Pierna de cordero al horno

Lave la pierna de cordero y séquela con cuidado. Pele 3 dientes de ajo y córtelos en bastoncillos. Con un cuchillo haga pequeñas incisiones en la carne e inserte los trozos de ajo en ellos.

Precaliente el horno a 220 °C (430 °F). Pele las patatas, lávelas y córtelas en cuartos a lo largo.

Ponga la carne en una cazuela grande, agregue las patatas y el resto de los ajos, rocíe con zumo de limón y aceite y sazone con la mitad de las hierbas, sal y pimienta. Vierta 1/2 litro de agua caliente por encima.

Ponga la pierna de cordero en el horno durante 1 hora. Tras 20 minutos de cocción baje la temperatura a 190 °C (375 °F). Dé la vuelta a la carne y a las patatas y esparza por encima las hierbas restantes. Agregue agua si fuera necesario. Vaya rociando la carne con el fondo del asado durante la cocción.

Una vez lista, retire la carne de la cazuela, póngala en una fuente y déjela enfriar un poco cubierta con un paño. A continuación, trocéela y extraiga los bastoncillos de ajo. Sirva con las patatas y el fondo del asado.

Cordero con crosta de hierbas

Precaliente el horno a 180 °C (355 °F). Salpimiente la carne generosamente. Caliente 3 cucharadas de aceite en una cazuela y ase bien la carne por todos los lados.

Vierta el vino sobre la carne y lleve a ebullición. A continuación, ponga la cazuela en el horno durante 1 1/4 hora, aproximadamente. Rocíela con su propio jugo de vez en cuando. Agregue agua si fuera necesario.

Entre tanto, lave las hierbas, escúrralas y píquelas. Mézclelas con el pan rallado. Pele los ajos, píquelos y agréguelos a la mezcla de hierbas. Por último, incorpore aceite y salpimiente al gusto.

Una vez lista la carne, sáquela del horno y úntela con una capa gruesa de pasta de hierbas. Vuelva a meter la carne en el horno hasta que la costra adquiera un color dorado claro.

Saque la carne de la cazuela y manténgala caliente. Vierta un poco de agua o de vino sobre el fondo del asado, deje que hierva y salpimiéntelo. Sirva la carne acompañada de croquetas y judías verdes.

Para 4 personas

1 kg (2 1/4 lb) de costillar de cordero

Sal

Pimienta

Aceite de oliva

500 ml de vino tinto

1/2 manojo de perejil

1/2 manojo de tomillo

1/2 manojo de perifollo

2 c.s. de pan rallado

4 dientes de ajo

Tiempo de preparación:
25 minutos
(más el tiempo de cocción)
Por ración: 503 kcal/2111 kJ
72 g P, 22 g G, 2 g HC

Cordero con habichuelas

Para 4 personas

500 g (1 lb) de habichuelas blancas

2 cebollas

1 kg (2 1/4 lb) de tomates

1 kg (2 1/4 lb) de carne de cordero

Sal, pimienta

4 c.s. de aceite de oliva

Perejil picado

Tiempo de preparación:
2 horas aprox.
(más el tiempo de remojo)
Por ración: 247 kcal/1036 kJ
38 g P, 9 g G, 3 g HC

Ponga las habichuelas en remojo la noche anterior. Pele las cebollas y córtelas en cuartos. Escalde los tomates en agua hirviendo, pélelos y córtelos en dado grandes. Rehogue la cebolla en un poco de aceite.

Corte la carne en trozos pequeños y salpimiéntelos. Ase la carne en el resto del aceite y luego póngala en una cazuela. Agregue las habichuelas remojadas. Llene la cazuela con agua y deje que hierva a fuego lento entre 1 y 1 1/2 hora.

Unos 10 minutos antes de que finalice la cocción, incorpore la cebolla y el tomate. Sirva la carne de cordero decorada con perejil picado.

Chuletas con albóndigas de patata y judías

Rehogue las cebollas y el perejil en un poco de aceite. Cuando se enfríe mezcle con la carne picada, el pan, la mostaza y salpimiente. Unte las chuletas con el resto de la mostaza y envuélvalas en el jamón.

Ralle las patatas crudas y páselas por agua fría. Escúrralas y guarde el jugo. Páselas por un pasapurés y mezcle con el almidón obtenido anteriormente.

Condimente con sal, pimienta y nuez moscada. Forme 4 bolas con la mezcla de carne picada, envuélvalas con la masa de patata y forme una bola. Hiérvalas durante 30 minutos en agua con un poco de maizena.

Lave las judías, pártalas en trozos pequeños, blanquéelas y rehóguelas en un poco de aceite. Sazone con ajedrea, sal y pimienta. Precaliente el horno a 180 °C (355 °F).

Rehogue los chalotes en aceite, agregue la panceta, el caldo, la nata y deje cocer a fuego lento unos 5 minutos. Ase las chuletas en aceite y póngalas seguidamente en el horno durante 4 minutos.

Para 4 personas

1/2 cebolla picada

1 manojo pequeño de perejil picado

125 g (4 1/2 oz) de carne picada de cordero

2 rebanadas de pan remojado

Aceite de oliva

Sal

Pimienta

8 chuletas de cordero

8 lonchas de jamón curado (ahumado)

750 g (1 3/4 lb) de patatas harinosas peladas

250 g (9 oz) de patatas cocidas

Nuez moscada

Maizena

2 chalotes picados

50 g (1 3/4 oz) de panceta ahumada en dados pequeños

200 ml de caldo

200 ml de nata agria

500 g (1 lb) de judías verdes planas

1 manojo pequeño de ajedrea

Tiempo de preparación:
55 minutos
(más el tiempo de cocción
y de refrigeración)
Por ración: 1030 kcal/4326 kJ
83 g P, 52 g G, 57 g HC

Ternera

Ternera

Vitello tonnato

Para 4-6 personas

500 g (1 lb) de pierna de ternera

1 litro de caldo de gallina

1 manojo de verduras para sopa

1 diente de ajo

1 hoja de laurel

1 c.p. de sal

300 ml de vino blanco seco

1 manojo de perejil

1 yema

4 filetes de anchoa

200 g (7 oz) de atún natural

3 c.s. de alcaparras

2 c.s. de aceite de oliva

125 g (4 1/2 oz) de nata líquida

El zumo de 1/2 limón

Pimienta

Tiempo de preparación: 20 minutos (más el tiempo de cocción y de reposo)
Por ración: 345 kcal/1449 kJ
30 g P, 21 g G, 6 g HC

Lave la carne y póngala en una cazuela con el caldo de gallina. Limpie las verduras para sopa, lávelas, trocéelas y agréguelas a la cazuela. Pele el ajo y añádalo junto con la hoja de laurel y la sal. Lleve a ebullición y deje que hierva a fuego lento de 1 a 1 1/2 hora.

Cuando la carne esté hecha, incorpore el vino blanco y el perejil lavado. Deje enfriar unas 6 horas.

Para preparar la salsa mezcle la yema con las anchoas, el atún escurrido, 2/3 de las alcaparras y tritúrelo todo. Agregue el aceite y mézclelo rápidamente. Monte la nata, pero no del todo.

Mezcle la nata con el zumo de limón y unas 5 cucharadas de caldo de ternera, añada la mezcla a la salsa y condimente con pimienta.

Corte la carne de ternera en lonchas finas, distribúyala en platos individuales y reparta la salsa por encima. Sirva la ternera decorada con las alcaparras restantes.

Para 4 personas

500 g (1 lb) de hígado de ternera
2 ramitas de salvia
150 g (5 1/2 oz) de panceta en lonchas finas
Sal, pimienta
4 cebollas grandes
1 c.p. de hierbas de Provenza
Aceite de oliva
Palillos

Tiempo de preparación: 30 minutos
Por ración: 369 kcal/1545 kJ
31 g P, 22 g G, 8 g HC

Hígado de ternera con panceta y cebolla

Corte el hígado en rodajas de 1 cm. Lave la salvia, escúrrala y separe las hojas de los tallos.

Cubra cada trozo de hígado con una loncha de panceta y una hoja de salvia. Salpimiéntelos y enróllelos.

Envuelva los rollitos con otra loncha de panceta y fíjelos con palillos.

Pele las cebollas y córtelas en láminas. Póngalas en un recipiente con un poco de aceite y áselas en la parrilla hasta que estén bien doradas. Deles la vuelta de vez en cuando y mézclelas con las hierbas de Provenza.

Ase los rollitos de hígado en la parrilla entre 5 y 8 minutos. Dispóngalos sobre la cebolla y sirva.

Pastel de hígado

Para 4 personas

200 g (7 oz) de carne de ternera
300 ml de vino blanco seco
1 paquete de hojaldre congelado
de 450 g (1 lb) aprox.
200 g (7 oz) de hígado
de ganso
1 panecillo del día anterior
1 cebolla
1 c.s. de aceite de oliva
200 g (7 oz) de carne picada
de cerdo
100 ml de nata líquida
1 huevo
1/2 c.p. de orégano
Sal
Pimienta
Pan rallado
2 cl de armañac

Tiempo de preparación:
30 minutos
(más el tiempo de maceración
y de cocción)
Por ración: 898 kcal/3770 kJ
36 g P, 63 g G, 46 g HC

Corte la carne en dados pequeños y macérela en el vino blanco durante toda la noche. A continuación, sáquela del vino y deje que escurra. Reserve el vino. Descongele la pasta de hojaldre. Lave el hígado, séquelo y córtelo en dados. Precaliente el horno a 240 °C (465 °F). Remoje el panecillo. Pele la cebolla y píquela. Caliente el aceite y rehogue en él la cebolla.

Ponga el hígado junto con la carne picada, la cebolla, el panecillo escurrido y la carne de ternera en un recipiente. Monte la nata, mézclela con la masa anterior y triture. Salpimiente. Seguidamente, agregue pan rallado hasta que la masa adquiera consistencia. Por último, enriquezca con el armañac.

Forre un molde alargado con papel vegetal y recúbralo con pasta de hojaldre. Introduzca la masa de carne y cúbrala con más hojaldre. Pinche la capa superior de hojaldre con un tenedor por varios sitios para que pueda salir el vapor. Ponga el molde en el horno durante 1 1/4 hora, aproximadamente. Sirva el pastel frío acompañado de ensalada.

Para 4 personas

20 espárragos trigueros

1 c.p. de azúcar

4 lonchas de hígado de 1 cm de grosor

Sal

Pimienta negra

3 c.s. de harina

7 c.s. de aceite de oliva

100 ml de fondo de ave

Unas gotas de zumo de limón

1/2 manojo de perejil

Tiempo de preparación: 35 minutos (más el tiempo de cocción)
Por ración: 388 kcal/1628 kJ
40 g P, 14 g G, 25 g HC

Hígado de ternera con espárragos

Lave los espárragos y quíteles las puntas duras. Cuézalos en agua hirviendo con sal y un poco de azúcar unos 10 minutos. Escúrralos y resérvelos.

Lave el hígado, séquelo suavemente y salpimiéntelo. A continuación, páselo por harina. Ponga 3 cucharadas de aceite en una sartén de hierro y fría el hígado durante 3 minutos por cada lado. Sáquelo de la sartén y resérvelo caliente.

Ponga 2 cucharadas de aceite en otra sartén y rehogue los espárragos entre 5 y 8 minutos. Resérvelos también calientes.

Deseche el exceso de grasa de la sartén e incorpore entonces el fondo de ave. Lleve a ebullición y deje que espese, sin dejar de remover, hasta que obtener una salsa cremosa.

Agregue el resto del aceite y aromatice con un poco de zumo de limón. Lave el perejil, escúrralo y píquelo. Disponga el hígado de ternera con los espárragos, la salsa, el perejil y sirva. Acompañe este plato con patatas cocidas.

Rollitos de col de Saboya

Precaliente el horno a 200 °C (390 °F). Escoja 4 hojas grandes de col, retire el tronco duro, lávelas y blanquéelas en un poco de agua con sal durante 3 minutos.

Lave el hígado, séquelo con cuidado, reitre el exceso de grasa y de nervios y salpimiente. Enrolle cada trozo de hígado en una hoja de col y átelos con hilo de cocina.

Engrase una cazuela con un poco de aceite, meta los rollitos de col y póngala en el horno durante unos 10 minutos. Retire del horno, pase los rollitos a una bandeja y manténgalos calientes.

Vierta el vino y el coñac en la cazuela para despegar el fondo del asado y deje que reduzca a la mitad. Agregue entonces los fondos de ave y caza. Por último, incorpore un poco más de aceite.

Sirva los rollitos de col con la salsa y acompáñelos con patatas cocidas o puré de patata.

Para 4 personas

1 col de Saboya

4 lonchas finas de hígado de ternera de 100 g (3 1/2 oz)

Sal

Pimienta

Aceite de oliva

150 ml de vino blanco

4 cl de coñac

250 ml de fondo de ave

1 c.s. de fondo de caza

Tiempo de preparación:
15 minutos
(más el tiempo de cocción)
Por ración: 200 kcal/839 kJ
22 g P, 7 g G, 6 g HC

SUGERENCIA

Si no le gusta el hígado, utilice carne picada en su lugar. Condiméntela con sal, pimienta, mejorana y pimentón, y añádale un poco de pan rallado para darle consistencia.

Chuletas falsas rebozadas

Para 4 personas

500 g (1 lb) de carne de ternera

1 c.p. de sal

1 c.p. de pimienta

Un poco de ralladura de un limón

1 c.s. de perejil recién picado

5 huevos

Pan rallado

3 c.s. de aceite de oliva

Tiempo de preparación: 25 minutos (más el tiempo de cocción)
Por ración: 237 kcal/993 kJ
27 g P, 13 g G, 3 g HC

Pase la carne de ternera por el molinillo. Ponga la carne picada en un recipiente y mézclela con la sal, la pimienta, la ralladura de limón, el perejil y 4 huevos. Bata el huevo restante aparte.

Divida la masa en 4 partes, deles forma de chuleta y páselas primero por el huevo y después por el pan rallado.

Caliente el aceite en una sartén y fríalas por ambos lados hasta que estén crujientes. Sirva con verduras crudas y patatas.

Chuletas de ternera con salsa tirolesa

Para 4 personas

4 chuletas de ternera
Sal
Pimienta
Un poco de harina
1 diente de ajo
1 ramita de romero
Aceite de oliva
1 cebolla
1 1/2 ramita de estragón
1/2 c.p. de vinagre de estragón
5 granos de pimienta
1 yema
2 c.s. de concentrado de tomate
1 c.s. de perejil recién picado

Tiempo de preparación:
30 minutos
(más el tiempo de cocción)
Por ración: 418 kcal/1753 kJ
31 g P, 32 g G, 2 g HC

Golpee las chuletas de ternera suavemente, salpimiéntelas y páselas por harina. Pele el ajo, separe las hojitas de romero de los tallos y pique ambos ingredientes.

Caliente 2 cucharadas de aceite en una sartén y fría las chuletas por los dos lados junto con el romero y el ajo a fuego fuerte. Baje éste y siga cocinando hasta que la carne esté hecha.

Para preparar la salsa, pele la cebolla y píquela. Pique también 1 manojo de estragón y reserve el resto. Ponga 200 ml de agua en una cazuela junto con el vinagre, los granos de pimienta, el estragón y la cebolla; lleve a ebullición y deje que reduzca hasta que sólo queden 2 cucharadas de líquido. Pase la salsa por un chino y deje enfriar.

Mezcle la salsa con la yema, ponga al baño maría y bata hasta que se forme espuma. Caliente 200 ml de aceite a unos 40 °C (85 °F) y, sin dejar de batir, vaya añadiéndolo gota a gota a la salsa hasta obtener una consistencia espesa. Retire la salsa del baño maría.

Incorpore el concentrado de tomate y aderece con el estragón reservado, sal y perejil. Sirva las chuletas con la salsa tirolesa y unas patatas hervidas decoradas con perejil.

Para 4 personas

2 jarretes de ternera de 1 kg (2 1/4 lb)

4 c.s. de miel

8 c.s. de zumo de limón

8 c.s. de salsa de guindilla

1 c.p. de hojitas de romero

Sal

2 dientes de ajo

Aceite de oliva

Tiempo de preparación: 1 hora (más el tiempo de maceración)
Por ración: 548 kcal/2289 kJ
75 g P, 13 g G, 22 g HC

Jarretes de ternera

Lave los jarretes, séquelos con cuidado y coloque cada uno sobre un trozo grande de papel de aluminio. Caliente la miel y mézclela con el zumo de limón, la salsa de guindilla, las hojitas de romero y un poco de sal.

Forme una capa gruesa de salsa sobre la carne y envuelva ésta en el papel. Deje macerar toda la noche.

Pele los dientes de ajo y pártalos por la mitad. Saque la carne del papel, escúrrala bien, haga incisiones con el cuchillo e introduzca los ajos.

Unte los jarretes con aceite y áselos en la parrilla durante 1 hora, aproximadamente, dándoles la vuelta a menudo. Sirva con ensalada de col.

Corazón de ternera al vapor

Lave el corazón y séquelo bien. A continuación, salpimiéntelo generosamente.

Para preparar el relleno, pele la zanahoria y deshoje la chirivía, lávelas y píquelas. Limpie el puerro, lávelo y córtelo en aros. Lave el perejil y el apio, escúrralos y píquelos.

Mezcle las verduras con la ralladura de limón. Haga 3 o 4 incisiones en el corazón e introduzca en ellas el relleno.

Caliente el aceite en una cazuela y ase el corazón. A continuación, tápelo y déjelo que se haga con el vapor durante 1 hora. Si fuera necesario, agregue un poco de caldo de vez en cuando.

Para 4 personas

1 corazón de ternera
Sal
Pimienta
1 zanahoria
1 chirivía
1/2 puerro
1/2 manojo de perejil
Un poco de apio
1/2 c.p. de ralladura de limón
3 c.s. de aceite de oliva
Caldo

Tiempo de preparación:
20 minutos
(más el tiempo de cocción)
Por ración: 121 kcal/508 kJ
8 g P, 8 g G, 5 g HC

Ternera

Pecho de ternera con relleno de setas

Para 4 personas

1 1/4 kg (2 3/4 lb) de pecho de ternera deshuesado, para rellenar

300 g (11 oz) de huesos de ternera

1 manojo de verduras para sopa

3 panecillos

250 ml de leche

3 cebollas

1 1/2 manojo de perejil

100 g (3 1/2 oz) de champiñones de campo

100 g (3 1/2 oz) de setas de ostra

Aceite de oliva

Mantequilla

El zumo y la ralladura de 1/2 limón

1 c.s. de pan rallado

2 huevos

Sal

Pimienta

Nuez moscada

1 zanahoria

4 c.s. de vino blanco

Tiempo de preparación:
30 minutos
(más el tiempo de cocción)
Por ración: 808 kcal/3392 kJ
74 g P, 41 g G, 36 g HC

Quite la mayor parte de grasa de la carne. Lave los huesos, limpie las verduras y trocéelas. Ponga la grasa, los huesos y las verduras en una cazuela con 500 ml de agua y lleve a ebullición. Tape y deje cocer a fuego lento durante 2 horas. Cuele el caldo y desengráselo.

Para preparar el relleno, desmorone los panecillos y riéguelos con leche hirviendo. Tape y deje reposar. Pele 2 cebollas y píquelas. Lave el perejil, escúrralo y píquelo. Limpie los champiñones y las setas con un cepillo y trocéelos.

Caliente 2 cucharadas de aceite y rehogue la cebolla picada, el perejil, las setas y los champiñones unos 5 minutos. Bata un poco de mantequilla con el zumo y la ralladura de limón hasta obtener espuma. Vaya agregando los panecillos, los huevos, las setas, los champiñones y el pan rallado. Sazone con sal, pimienta y nuez moscada. Rellene la ternera con la mezcla y cierre la abertura. Ásela en el aceite muy caliente y vierta la mitad del caldo. Tape y ponga en el horno a 200 °C (390 °F) 1 1/2 hora.

Pele la cebolla restante y la zanahoria, pártalas en dados, agréguelas y siga cociendo 1 hora más. Vaya regando la carne con el caldo. Resérvela caliente y pase el fondo del asado por un chino. Deje que la salsa reduzca, aderécela con vino y sírvala con la ternera rellena.

Para 4 personas

500 g (1 lb) de hígado de ternera

2 cebollas

2 manzanas

500 ml de fondo de ternera

2 c.p. de salsa de soja

200 ml de nata agria

2 c.s. de aceite de oliva

Pimienta negra

Sal

2-3 cucharadas de harina

Tiempo de preparación:
25 minutos
(más el tiempo de cocción)
Por ración: 295 kcal/1239 kJ
27 g P, 13 g G, 16 g HC

Hígado a la tirolesa

Limpie el hígado de grasa y nervios y córtelo en tiras. Pele las cebollas y píquelas. Pele las manzanas, quíteles el corazón y córtelas en dados.

Caliente el aceite en una sartén y fría las tiras de hígado brevemente. Sazónelas con pimienta, retírelas de la sartén y envuélvalas en papel de aluminio para que se mantengan calientes.

En la misma sartén rehogue la cebolla, agregue después los dados de manzana y vierta el fondo de ternera. Añada la salsa de soja y deje que reduzca.

Mezcle la harina con la nata agria e incorpore a la salsa. Deje que hierva y que espese un poco. Vuelva a poner las tiras de hígado en la sartén y caliéntelas. Por último, añada la sal. Sirva el hígado con patatas cocidas.

Para 4 personas

- 2 cebollas
- 3 dientes de ajo
- Aceite de oliva
- 750 g (1 3/4 lb) de asado de ternera
- 1 c.s. de hierbas de Provenza
- 60 ml de caldo de carne
- 60 ml de vermut muy seco
- 30 g (1 oz) de chocolate amargo
- 1 c.p. de azúcar
- 1/2 c.p. de cayena en polvo

Tiempo de preparación:
20 minutos aprox.
(más el tiempo de cocción)
Por ración: 398 kcal/1670 kJ
38 g P, 22 g G, 8 g HC

Asado de ternera con salsa de chocolate picante

Precaliente el horno a 180 °C (355 °F). Pele las cebollas y el ajo y luego píquelos.

Engrase la base de una cazuela con un poco de aceite. Ponga la cebolla y el ajo y añada la carne encima. Agregue las hierbas y unte la carne con aceite.

Métala en el horno durante unos 50 minutos. Una vez lista, saque la carne de la cazuela, córtela en rodajas y manténgala caliente sobre una fuente de servir precalentada.

Hierva el jugo del asado junto con el caldo y el vermut y deje que espese un poco. Ralle el chocolate y mézclelo con la salsa. Condimente con azúcar y cayena. Sirva el asado con la salsa y acompañe con croquetas.

SUGERENCIA

Esta receta también se puede preparar con filete de vacuno.

Para 4 personas

150 g (5 1/2 oz) de boletos

Aceite de oliva

Sal

300 g (11 oz) de nata espesa

12 filetes de ternera pequeños de 30 g (1 oz) aprox.

Pimienta

6 huevos

90 g (3 oz) de pan rallado fino

2 c.s. de harina

5 c.s. de fondo de ternera

Tiempo de preparación:
15 minutos aprox.
(más el tiempo de cocción)
Por ración: 580 kcal/2436 kJ
36 g P, 40 g G, 19 g HC

SUGERENCIA

Para variar el sabor puede utilizar oronjas o trufas en lugar de boletos.

Piccata de ternera con boletos

Limpie las setas con un cepillo y córtelas en láminas. Rehóguelas en aceite, sazone y agregue la nata. Deje cocer a fuego lento unos 2 o 3 minutos y pásela por un chino. Pique las setas y deje que se enfríen.

Lave los filetes de carne, séquelos, golpéelos para aplanarlos y salpimiéntelos. Reparta los champiñones sobre los filetes y doble éstos. Para preparar el rebozado mezcle bien los huevos con el pan rallado y sazone con sal.

Pase la carne rellena por la harina y luego por el rebozado. Caliente aceite y fría la carne durante unos 5 minutos hasta que esté ligeramente dorada.

Caliente la salsa de setas y bátala en el robot de cocina. Distribuya la salsa en platos individuales, reparta la *piccata* y rocíe con el fondo de ternera caliente.

Escalopas arrabbiata

Lave la carne, séquela y salpimiéntela. Pase los filetes primero por la harina, después por el huevo batido y por último por el pan rallado. Caliente un poco de aceite y fría la carne unos 4 o 5 minutos por cada lado. Manténgala caliente.

Haga un cruz con el cuchillo en la parte superior de los tomates, escáldelos brevemente, asústelos seguidamente en agua fría y pélelos. Corte la pulpa en dados.

Lave la albahaca, séquela y píquela. Parta las guindillas por la mitad, quíteles las semillas, lávelas, séquelas y córtelas en dados. Cueza a fuego lento la guindilla con el tomate en aceite caliente durante unos 20 o 25 minutos.

Pele los ajos, píquelos y agréguelos a la salsa junto con la albahaca. Siga cocinando otros 5 minutos y condimente generosamente con sal y cayena. Sirva la salsa con las escalopas.

Para 4 personas

8 filetes de ternera finos
Sal
Pimienta
Harina
2 huevos
Pan rallado
Aceite de oliva
600 g (1 1/4 lb) de tomates cereza
1 c.s. de albahaca recién picada
4 guindillas picantes
2-3 dientes de ajo
Cayena molida

Tiempo de preparación: 50 minutos aprox.
Por ración: 346 kcal/1456 kJ
31 g P, 18 g G, 6 g HC

Para 4 personas

4 medallones de ternera de 180 g (6 1/2 oz)

Pimienta, sal

Aceite de oliva

100 g (3 1/2 oz) de beicon en lonchas finas

1 paquete de salsa holandesa

30 g (1 oz) de pimienta verde en salmuera, escurrida

1 manojo de estragón

500 g (1 lb) de espárragos pelados (verdes y blancos)

Sal marina

Pimienta blanca

Tiempo de preparación:
25 minutos aprox.
Por ración: 582 kcal/2473 kJ
41 g P, 44 g G, 8 g HC

Medallón de ternera con puntas de espárrago

Condimente los medallones generosamente con pimienta y envuélvalos en las lonchas de beicon. Fríalos en una sartén caliente con aceite a temperatura moderada durante 5 o 6 minutos. Sazone con sal al gusto. A continuación, envuélvalos en papel de aluminio y manténgalos calientes.

Entre tanto, mezcle la salsa holandesa con 125 ml de agua caliente y disuelva bien a fuego medio. Deje que hierva, bátala bien y aderécela con la pimienta verde y las hojas de estragón.

Trocee los espárragos y fríalos en aceite bien caliente hasta que estén crujientes. Salpimiéntelos. Disponga todo en platos individuales y sirva.

Para 4 personas

4 filetes de ternera finos

50 g (1 3/4 oz) de champiñones

100 g (3 1/2 oz) de carne picada de cerdo

1 c.s. de queso recién rallado

1 rebanada de pan blanco

1 huevo

1 c.s. de perejil recién picado

1 c.p. de salvia

Sal, pimienta

1 cebolla grande

1 zanahoria

3 c.s. de aceite de oliva

300 ml de vino blanco

2 c.s. de concentrado de tomate

2 c.s. de maizena

Tiempo de preparación:
25 minutos aprox.
(más el tiempo de cocción)
Por ración: 328 kcal/1376 kJ
41 g P, 12 g G, 9 g HC

Rollitos de ternera

Golpee la carne con una maza para que quede fina y parta cada filete en dos trozos. Limpie los champiñones y píquelos. Mézclelos con la carne picada, el queso, el pan desmoronado y el huevo hasta obtener una masa de consistencia uniforme. Agregue las hierbas picadas y salpimiente.

Reparta la masa sobre los filetes, enróllelos y átelos con hilo de cocina. Caliente el aceite en una cazuela y ase bien los rollitos. Incorpore la cebolla y la zanahoria y saltee brevemente.

Agregue el vino y el concentrado de tomate y lleve a ebullición. Tape y deje cocer a fuego lento unos 40 minutos. Agregue agua si fuera necesario.

Saque los rollitos de la cazuela y resérvelos calientes. Pase el fondo del asado por un chino y espéselo con la maizena. Sirva los rollitos de ternera con la salsa y acompáñelos con una ensalada ligera.

Riñones de ternera en aguardiente de trigo

Para 4 personas

2 riñones de ternera

200 ml de aguardiente de trigo

1 c.p. de bayas de enebro

Pimienta machacada

La ralladura de 1/2 limón

1 c.s. de aceite de oliva

Sal

150 g (5 1/2 oz) de champiñones

1 cebolla

4 panecillos de centeno calientes

4 hojas de lechuga grandes

1/2 manojo de hierbas variadas (p. ej. mejorana, estragón, perejil)

Tiempo de preparación:
35 minutos
(más los tiempos de remojo, maceración y cocción)
Por ración: 239 kcal/1004 kJ
15 g P, 6 g G, 30 g HC

Limpie los riñones, lávelos y póngalos en remojo. A continuación, escúrralos y córtelos en láminas. Mezcle el aguardiente con las bayas de enebro, un poco de pimienta y la ralladura de limón. Tape y deje macerar en la nevera durante 24 horas.

Escurra los riñones y séquelos. Caliente el aceite y ase los riñones hasta que estén bien dorados. Agregue un poco de sal, un poco de marinada, tape y deje cocer a fuego lento entre 5 y 8 minutos. Aparte y mantenga caliente.

Limpie los champiñones y córtelos en láminas. Pele las cebollas y córtelas en aros. Rehogue un poco la cebolla en la grasa del asado, incorpore los champiñones y siga rehogando.

Vierta el resto de la marinada y deje que la salsa reduzca. Salpimiente. Abra los panecillos por la mitad. Lave las hojas de lechuga, séquelas y póngalas sobre el pan. Lave las hierbas, escúrralas y píquelas.

Distribuya los riñones con el jugo de cocción sobre la lechuga. Reparta la mezcla de cebolla y champiñones por encima y espolvoree con las hierbas. Cubra con las mitades superiores de los panecillos y sirva.

Para 4 personas

700 g (1 1/2 lb) de tomates
1 cebolla
2 c.s. de aceite de oliva
2 c.s. de albahaca picada
8 filetes de ternera pequeños de 100 g (3 1/2 oz)
2 c.s. de zumo de limón
Sal
Pan rallado
1 huevo
8 lonchas de jamón curado
8 lonchas de queso *provolone*

Tiempo de preparación:
25 minutos aprox.
Por ración: 777 kcal/2538 kJ
60 g P, 50 g G, 8 g HC

Escalopa con provolone

Lave los tomates, hágales una cruz en la parte superior con un cuchillo y escáldelos. A continuación, pélelos, despepítelos y tritúrelos.

Pele las cebollas y córtelas en dados. Caliente una cucharada de aceite en una sartén y rehogue las cebollas. Incorpore después el puré de tomate con la albahaca.

Rocíe los filetes con zumo de limón y salpimiéntelos. Bata el huevo en un cuenco. Pase la carne por el huevo y después por el pan rallado.

Caliente el aceite restante en una sartén y fría la carne durante 5 minutos por cada lado. Agregue la mezcla de tomate.

Coloque una loncha de jamón y una de queso sobre cada escalopa, tape la sartén y deje cocer hasta que el queso se haya fundido.

Saltimbocca alla romana

Golpee la carne con una maza para aplanarla. Lave las hojas de salvia y escúrralas. Ponga 1 hoja de salvia y 1 loncha de jamón sobre cada filete y fije con un palillo.

Caliente el aceite en una sartén y fría la carne durante unos 4 minutos por cada lado. Retire de la sartén y reserve caliente.

Vierta el vino en la sartén, agregue el caldo de carne y deje reducir a dos tercios. Salpimiente. Disponga el *saltimbocca* en platos individuales junto con la salsa y sirva. Acompañe con pasta.

Para 4 personas

4 filetes de ternera de 125 g (4 1/2 oz)

4 hojas de salvia

4 lonchas de jamón serrano

2 c.s. de aceite de oliva

3 c.s. de vino blanco seco

125 ml de caldo de carne

Sal, pimienta

Tiempo de preparación:
20 minutos
(más el tiempo de cocción)
Por ración: 230 kcal/964 kJ
32 g P, 11 g G, 1 g HC

Mollejas de ternera con setas

Para 4 personas

300 g (11 oz) de mollejas de ternera

1 c.p. de sal

1 c.s. de vinagre

2 hojas de laurel

250 g (9 oz) de cantarelas

100 g (3 1/2 oz) de hierba de los canónigos

Vinagre de hierbas

Aceite de oliva

Sal

Pimienta

Tiempo de preparación:
25 minutos aprox.
(más el tiempo de remojo y de cocción)
Por ración: 95 kcal/399 kJ
14 g P, 3 g G, 1 g HC

Ponga las mollejas en remojo en agua fría hasta que se pongan blancas. Cambie el agua de vez en cuando.

A continuación, métalas en una cazuela con 500 ml de agua, sal, vinagre, laurel y lleve a ebullición. Baje el fuego y siga cociendo otros 10 minutos. Saque las mollejas y deje enfriar en agua fría.

Entre tanto, limpie las setas, lave la hierba de los canónigos y escúrrala. Distribúyala sobre los platos y aderécela con un poco de aceite y vinagre. Quite la piel a las mollejas y trocéelas.

Caliente un poco de aceite en una sartén y fría los trozos de molleja. Incorpore las cantarelas y siga salteando otros 5 minutos. Salpimiente, reparta sobre la hierba de los canónigos y sirva inmediatamente.

Para 4 personas

1 manojo de perejil
1 c.s. de hojas de salvia
2 dientes de ajo
4 filetes de ternera de 150 g (5 1/2 oz)
Sal, pimienta
1 zanahoria
1 cebolla
4 lonchas de jamón curado
1 c.p. de mejorana
3 c.s. de harina
Aceite de oliva
200 ml de vino blanco seco
5 cl de brandy
250 ml de fondo de ternera
1 c.s. de maizena
2 c.s. de crema agria

Tiempo de preparación:
20 minutos
(más el tiempo de cocción)
Por ración: 608 kcal/2554 kJ
34 g P, 16 g G, 62 g HC

Espirales de ternera

Lave las hierbas, escúrralas y píquelas. Pele el ajo y píquelo también. Golpee la carne ligeramente y salpimiéntela. Pele la zanahoria y córtela en tiras finas. Pele la cebolla y rállela.

Cubra cada filete con una loncha de jamón y condimente con las hierbas y el ajo. Disponga la zanahoria y la cebolla por encima y espolvoree con mejorana. Enrolle los filetes y átelos.

Pase los rollitos por harina y fríalos en aceite hasta que estén bien dorados. Vierta el vino, el brandy y el fondo de ternera, por este orden. Deje cocer unos 45 minutos y sáquelos de la salsa.

Disuelva la maizena en un poco de agua y añádalo a la salsa para espesarla. Enriquezca con la crema agria. Corte cada rollito en varias rodajas y sírvalas con la salsa y con pasta como acompañamiento.

Para 4 personas

- 100 g (3 1/2 oz) de queso pecorino
- 10 ramitas de perejil
- 4 filetes de ternera
- 2 c.s. de concentrado de pimiento
- 4 lonchas de jamón de Parma
- 3 c.s. de aceite de oliva
- 4 c.s. de jerez
- 200 ml de fondo de ternera
- Sal
- Pimienta de limón
- Maizena
- Perifollo para adornar

Tiempo de preparación:
30 minutos aprox.
Por ración: 423 kcal/1777 kJ
53 g P, 17 g G, 1 g HC

Rollitos de primavera

Con un pelapatatas corte 8 láminas finas de pecorino y resérvelas. Ralle el resto del queso. Lave el perejil, escúrralo y píquelo.

Lave la carne, séquela y extiéndala sobre la superficie de trabajo. Úntela con el concentrado de pimiento y ponga las lonchas de jamón por encima.

Reparta el queso rallado sobre el jamón y enrolle la carne. Fije los rollitos con palillos. Caliente el aceite en una sartén y ase los rollitos de ternera.

Agregue el perejil. Vierta el jerez y el fondo de ternera y deje cocer a fuego moderado durante 5 minutos. Condimente con las especias.

Poco antes de que la carne esté hecha, sáquela de la sartén y resérvela caliente. Lleve el fondo del asado a ebullición y espéselo con la maizena. Rectifique la sazón con sal y pimienta.

Sirva los rollitos de primavera decorados con perifollo y con las láminas de pecorino.

Chuletas de ternera gratinadas

Precaliente el horno a 180 °C (355 °F). Lave la carne, séquela y salpimiéntela.

Lave el tomillo, séquelo, separe las hojas de los tallos y espárzalas sobre la carne. Ponga ésta en una rustidera y hornéela durante unos 10 minutos.

Pele los boniatos y córtelos en rodajas. Pele el ajo y píquelo. Incorpore los boniatos y el ajo a la rustidera y vierta el fondo por encima. Deje cocer otros 20 minutos a 180 °C (355 °F).

Saque la carne del horno. Caliente la miel, unte las chuletas con ella y gratínelas brevemente bajo el grill.

Mezcle el puré de tomate con el fondo del asado. Salpimiente. Disponga las chuletas en platos individuales y sirva con la salsa y los boniatos.

Para 4 personas

4 chuletas de ternera de 250 g (9 oz)

Sal

Pimienta

1/4 de manojo de tomillo

4 boniatos

2 dientes de ajo

1 c.s. de hojitas de romero

250 ml de fondo de ternera

50 g (1 3/4 oz) de miel

2 c.s. de puré de tomate

Tiempo de preparación:
1 hora aprox.
Por ración: 463 kcal/1914 kJ
52 g P, 2 g G, 15 g HC

Ossobuco con gremolata

Para 4 personas

500 g (1 lb) de apio
200 g (7 oz) de zanahorias
2 chalotes
4 dientes de ajo
8 filetes de ternera de 150 g (5 1/2 oz)
3 ramitas de tomillo
3 ramitas de orégano
3 c.s de aceite de oliva
Sal
Pimienta
2 hojas de laurel
2 c.s. de concentrado de tomate
1 lata de tomate de 450 g (1 lb)
200 ml de vino tinto
200 ml de caldo de verduras
1 pizca de clavo molido
2 c.p. de ralladura de limón
2 c.s. de perejil picado

Tiempo de preparación:
1 1/4 hora aprox.
(más el tiempo de cocción
y de refrigeración)
Por ración: 520 kcal/2184 kJ
64 g P, 21 g G, 10 g HC

Pele el apio y la zanahoria, lávelos y córtelos en dados. Pele y pique los chalotes y el ajo.

Lave la carne y séquela. Lave y seque también las hierbas.

Caliente el aceite en una cazuela. Ase la carne y salpimiéntela.

Incorpore la mitad de las verduras, los chalotes, la mitad del ajo, las hojas de laurel, el concentrado de tomate y rehogue otros 5 minutos. Agregue los tomates, el vino y las hierbas.

Tape la cazuela y deje cocer a fuego moderado durante 1 hora. Blanquee el resto de las verduras durante 2 minutos, agréguelas a la carne y siga cociendo otros 30 minutos. Retire las hierbas y rectifique la sazón del caldo de la carne si fuera necesario.

Para preparar la *gremolata,* mezcle el clavo con la ralladura de limón, el perejil y el ajo restante. Sirva el *ossobuco* espolvoreado con la *gremolata.*

Para 4 personas

4 filetes de ternera de 180 g (6 1/2 oz)

Pimienta

4 c.s. de harina

125 ml de leche

2 huevos

Sal

8 c.s. de pan rallado

4 c.s. de aceite de oliva

Gajos de limón

Tiempo de preparación:
20 minutos
Por ración: 496 kcal/2076 kJ
44 g P, 25 g G, 24 g HC

Escalopas vienesas

Lave la carne, séquela y golpéela ligeramente con el puño para aplanarla. Salpimiente por ambos lados.

Pase los filetes por harina y después por los huevos batidos con la leche, sazónelos con sal y por último páselos por el pan rallado.

Presione el rebozado suavemente con las manos. Caliente el aceite y fría la carne durante unos 7 minutos por cada lado.

Disponga las escalopas en platos individuales y decórelas con gajos de limón. Sirva con ensalada de patatas.

Para 4 personas

4 huevos
4 filetes de ternera
Sal
Pimienta
4 lonchas de panceta ahumada
3 c.s. de aceite de oliva
100 ml de caldo de carne
75 g (2 1/2 oz) de crema agria

Tiempo de preparación: 25 minutos (más el tiempo de cocción)
Por ración: 335 kcal/1407 kJ
38 g P, 20 g G, 1 g HC

Nidos de ternera con huevo

Cueza los huevos duros durante unos 10 minutos. Deje que se enfríen y pélelos.

Golpee la carne con una maza para que quede fina. Salpimiente y coloque una loncha de panceta sobre cada filete. Ponga encima un huevo entero, enrolle y ate o fije con palillos.

Caliente el aceite en una cazuela y ponga los rollos; deles varias vueltas para que se hagan por todos los lados. Vierta el caldo, tape y deje cocer unos 35 minutos hasta que la carne esté tierna. Cuando ésta se haya enfriado, córtela en rodajas.

Enriquezca la salsa con crema agria, sal y pimienta. Sirva los nidos de ternera con puré de patata y ensalada.

Para 4 personas

500 g (1 lb) de cebolla

2 c.s. de aceite de oliva

600 g (1 1/4 lb) de hígado de ternera

4 hojas de salvia

Sal

Pimienta

3 c.s. de vino Marsala

Tiempo de preparación:
20 minutos
(más el tiempo de cocción)
Por ración: 305 kcal/1281 kJ
32 g P, 13 g G, 14 g HC

Hígado de ternera a la veneciana

Pele las cebollas y córtelas en aros finos. Caliente 1 cucharada de aceite en una sartén y rehogue la cebolla hasta que esté ligeramente dorada. Baje el fuego al mínimo y siga cocinando otros 15 minutos.

Lave el hígado, séquelo cuidadosamente y córtelo en lonchas finas. Caliente el aceite restante en otra sartén y fría el hígado por ambos lados hasta que pierda el color rojo. Lave las hojas de salvia, séquelas e incorpórelas.

Saque el hígado de la sartén, salpimiéntelo y resérvelo caliente. Vierta el vino en la sartén y deje que hierva. Sirva el hígado con la cebolla y un poco de salsa.

Pecho de ternera relleno

Ponga en remojo los sesos y las mollejas durante unas 2 horas. Escurra y limpie. Pele el ajo y frote el interior de la ternera con él. Corte el solomillo en dados. Remoje los boletos en agua caliente.

Caliente el aceite en una sartén y fría los dados de carne, incorpore los sesos, las mollejas y siga rehogando. Vierta el vino. Escurra las setas, píquelas y agréguelas. Deje que hierva a fuego lento unos 2 minutos y, a continuación, tritúrelo todo.

Ponga el puré de carne en un cuenco junto con los guisantes, la mejorana, los pistachos, el parmesano y los huevos. Mezcle bien hasta obtener una masa uniforme. Rellene la ternera con la masa y átela con hilo de cocina.

Ponga el pecho de ternera en una cazuela grande y cúbralo con el caldo. Tape la cazuela y deje que hierva durante 1 minuto, quite entonces la tapadera y deje cocer a fuego lento durante 1 hora. Pinche la carne varias veces durante la cocción.

Una vez lista la carne, sáquela de la cazuela, póngala en un plato y cúbrala con otro; ponga peso sobre el plato superior y deje enfriar. Después córtela en rodajas y sirva.

Para 4 personas

100 g (3 1/2 oz) de sesos de ternera

100 g (3 1/2 oz) de mollejas

1 diente de ajo

750 g (1 3/4 lb) de pecho de ternera para rellenar

100 g (3 1/2 oz) de solomillo de cerdo

15 g (1/2 oz) de boletos secos

2 c.s. de aceite de oliva

200 ml de vino blanco seco

75 g (2 1/2 oz) de guisantes

1 c.s. de mejorana recién picada

2 c.s. de pistachos picados

3 c.s. de parmesano recién rallado

3 huevos

2 litros de caldo de verduras

Sal, pimienta, nuez moscada

Tiempo de preparación:
45 minutos
(más el tiempo de remojo)
Por ración: 440 kcal/1840 kJ
48 g P, 25 g G, 4 g HC

Solomillo de ternera con salvia y salsa de trufa

Para 4 personas

600 g (1 1/4 lb) de solomillo de ternera

Sal

Pimienta negra recién molida

6 ramitas de salvia

1 c.s. de aceite de oliva

125 ml de vino Marsala

200 ml de fondo de ternera

1 lata de trufas en conserva de 20 g (3/4 oz)

80 g (3 oz) de mantequilla

Tiempo de preparación:
10 minutos aprox.
(más el tiempo de cocción)
Por ración: 355 kcal/1491 kJ
32 g P, 25 g G, 2 g HC

Precaliente el horno a 80 °C (165 °F). Limpie la carne y salpiméntela generosamente. Pliegue la punta estrecha del solomillo. Ponga las ramitas de salvia sobre el solomillo y átelo con hilo de cocina.

Caliente el aceite en una cazuela y ponga la carne durante 5 minutos por todos los lados. Pásela inmediatamente a un molde refractario precalentado y ásela en el horno durante unos 20 minutos.

Deseche la grasa excesiva. Vierta el Marsala sobre el fondo del asado, lleve a ebullición y deje que reduzca un poco. Agregue el fondo de ternera y deje que reduzca hasta obtener unos 100 ml de salsa.

Escurra las trufas y reserve el líquido. Incorpore éste a la salsa. Pique las trufas y agréguelas también a la salsa.

Cuando el solomillo esté hecho (debe quedar de color rosa), sáquelo, retire las ramitas de salvia y corte la carne en lonchas. Añada la mantequilla en copos a la salsa y deje que se derrita. Apague el fuego, salpiméntela y sírvala con la carne.

Para 4 personas

750 g (1 3/4 lb) de riñones de ternera

El zumo de 1 limón

Sal marina

Pimienta

2 c.s. de aceite de oliva

2 c.s. de cebolla picada

2 c.s. de perejil picado

2 c.s. de harina

2 c.s. de vino blanco

50 ml de caldo de gallina

1 hoja de laurel

1/2 guindilla seca

Pimentón dulce

Tiempo de preparación:
15 minutos aprox.
(más el tiempo de cocción)
Por ración: 268 kcal/1124 kJ
32 g P, 13 g G, 6 g HC

Riñones de ternera con pimentón

Marine los riñones en zumo de limón durante 10 minutos. A continuación, límpielos y córtelos en dados.

Lave los trozos de riñón en agua muy caliente, séquelos y luego salpimiéntelos.

Áselos en aceite y resérvelos calientes. Rehogue la cebolla y el perejil en la grasa que ha dejado la carne. Incorpore la harina y haga un *roux*. A continuación, vierta el vino y el caldo, agregue el laurel y la guindilla y condimente con pimentón, sal y pimienta.

Deje que reduzca y espese sin dejar de remover. Incorpore los riñones a la salsa y deje cocer a fuego lento durante unos 5 minutos. Los riñones deben quedar de color rosa por dentro.

Para 4 personas

750 g (1 3/4 lb) de carne de ternera

11 tomates cereza

3 dientes de ajo

1 cebolla

1 pimiento verde

1 guindilla verde

Sal

Pimienta

1 c.s. de perejil picado

2 c.s. de aceite de oliva

150 ml de caldo de gallina

1 lata de maíz de 200 g (7 oz) aprox.

1/2 c.p. de comino

1/2 c.p. de pimentón

Tiempo de preparación:
15 minutos aprox.
(más el tiempo de maceración y de cocción)
Por ración: 398 kcal/1670 kJ
45 g P, 14 g G, 22 g HC

Ternera con maíz y guindilla

Corte la carne de ternera en dados grandes. Pele los tomates, trocéelos y reserve la pulpa de uno de ellos. Pele y pique el ajo y la cebolla. Lave el pimiento y la guindilla, límpielos y córtelos en dados.

Mezcle la carne con la sal, la pimienta, 1 diente de ajo y el perejil. Deje macerar durante 1 hora.

Caliente el aceite y rehogue la carne por todos los lados. Incorpore la cebolla, la pulpa del tomate reservada y el pimiento y siga rehogando hasta que la cebolla y el pimiento estén hechos.

Vierta el caldo, lleve a ebullición, ponga la tapadera y deje cocer a fuego lento unos 40 minutos.

Escurra el maíz. Triture el comino con el resto del ajo, el pimentón, la guindilla y 1 pizca de sal. Incorpore esta mezcla de especies a la carne.

Agregue los tomates y siga cocinando a fuego lento durante otros 20 minutos.

Transcurridos 10 minutos, añada el maíz y siga cociendo hasta que la carne esté hecha. Si lo desea, deje que la salsa reduzca un poco.

Menudillos de ternera

Pele la cebolla y córtela en dados pequeños. Limpie las verduras, lávelas y píquelas.

Frote los menudillos con sal, lávelos meticulosamente varias veces y métalos en una cazuela con agua. Cuando arranque a hervir, deseche el agua y vuelva a llenar la cazuela con agua fría.

Incorpore ahora la cebolla, las verduras, las especias y el laurel y deje cocer durante unas 2 horas, hasta que los menudillos estén hechos. A continuación, sáquelos de la cazuela y córtelos en trozos pequeños.

Para preparar la salsa, haga un *roux* con mantequilla y harina, vierta un poco del caldo de cocción y aderece generosamente con sal, pimienta y limón. Incorpore a la salsa los menudillos troceados y deje que vuelva a hervir.

Sirva en una sopera, espolvoreado con perejil y acompañado de pasta.

Para 4 personas

1 cebolla

1 zanahoria, 1 chirivía

1 trozo de apio

1 kg (2 1/4 lb) de menudillos de ternera

Sal, pimienta

1 clavo de olor

2 granos de pimienta de Jamaica

2 granos de pimienta

1/2 hoja de laurel

40 g (1 1/2 oz) de mantequilla

40 g (1 1/2 oz) de harina

El zumo de 1/2 limón

Perejil picado

Tiempo de preparación: 2 1/2 horas
Por ración: 363 kcal/1523 kJ
39 g P, 19 g G, 10 g HC

Aves

Aves

Paté de hígado con nueces

Para 4 personas

250 g (9 oz) de hígado de pollo

5 hojas de salvia

1 c.p. de aceite de oliva

Sal

Pimienta recién molida

Salsa Worcerstershire

1 c.p. de salsa de soja

100 g (3 1/2 oz) de mantequilla

10 nueces

Tiempo de preparación: 25 minutos aprox. (más el tiempo de cocción y de refrigeración)
Por ración: 613 kcal/2573 kJ
20 g P, 56 g G, 9 g HC

Lave el hígado, séquelo y córtelo en dados. Saltéelo en el aceite durante unos 3 minutos junto con la salvia. Baje el fuego y siga cocinando durante otros 5 minutos más; el hígado debe quedar de color rosa por dentro.

Aderece la mitad del hígado, todavía tibio, con sal, pimienta, las salsas y la mantequilla y tritúrelo. Corte en tiras la otra mitad y parta las nueces en cuartos.

Disponga capas de todos los ingredientes en un recipiente apropiado y refrigere. Para servir el paté, vuélquelo y trocéelo.

Para 4 personas

2 pechugas de pato con grasa de 300 g cada una (11 oz)

3 c.s. de mostaza

5 c.s. de miel

Sal

Pimienta

1 c.s. de aceite de oliva

3 c.s. de jarabe de arce

3 c.s. de zumo de naranja

250 ml de caldo de pollo

1 c.s. de maizena

1 naranja

Tiempo de preparación:
25 minutos aprox.
(más el tiempo de cocción
y de refrigeración)
Por ración: 450 kcal/1701 kJ
28 g P, 29 g G, 42 g HC

Pechuga de pato con crosta

Quite la piel y los tendones a las pechugas de pato, enjuáguelas brevemente y séquelas con suavidad. Con ayuda de un cuchillo, practique cortes en forma de cruz sobre la capa de grasa. Mezcle la mostaza con 2 cucharadas de miel y un poco de sal y de pimienta.

Caliente el aceite en una sartén y fría las pechugas por el lado de la grasa durante varios minutos. Retire la carne de la sartén y reserve.

Unte las pechugas con la salsa de mostaza y miel. Encienda el grill del horno al máximo y ase las pechugas durante unos 10 minutos hasta que estén doradas.

Lleve a ebullición el caldo de pollo junto con el resto de la miel, el jarabe de arce y el zumo de naranja. Disuelva la maizena en un poco de agua y espese la salsa con ella.

Pele la naranja y separe los gajos. Sirva las pechugas de pavo con la salsa de miel y decore con la naranja.

Para 4 personas

8 codornices listas para cocinar
Sal
Pimienta
6 c.s. de jarabe de granadina
4 c.s. de zumo de lima
2 cebollas
1 zanahoria
1 puerro
1 guindilla roja
5 c.s. de aceite de oliva
1 c.s. de concentrado de tomate
400 ml de fondo de caza
300 g (11 oz) de boletos
Un poco de cebollino

Tiempo de preparación:
15 minutos aprox.
(más el tiempo de cocción)
Por ración: 510 kcal/2142 kJ
50 g P, 32 g G, 7 g HC

SUGERENCIA

En lugar de boletos puede utilizar setas de cardo o setas de ostra, que se encuentran durante todo el año.

Codornices glaseadas con boletos

Precaliente el horno a 200 °C (390 °F). Lave las codornices, séquelas y salpimiéntelas por dentro y por fuera. Mezcle el jarabe con el zumo de lima y unte las codornices, también por dentro y por fuera, con la mezcla. A continuación, cruce las patas de las codornices y átelas.

Pele las cebollas y la zanahoria, limpie el puerro y lave todas las verduras. Córtelas en dados pequeños. Limpie la guindilla, lávela, pártala por la mitad, retire las semillas y córtela también en dados pequeños.

Caliente 3 cucharadas de aceite en una rustidera llana e incorpore las codornices con la pechuga hacia arriba. Agregue las verduras y la guindilla y rehogue a fuego medio durante unos 2 o 3 minutos.

A continuación, introduzca la rustidera en el horno precalentado durante 30 minutos; vaya regando las codornices con su propio jugo cada 10 minutos. Retire las codornices y manténgalas calientes. Dore las verduras junto con el concentrado de tomate, vierta el fondo, lleve a ebullición y deje que reduzca durante unos 10 minutos.

Limpie los boletos con un cepillo o papel de cocina y córtelos en láminas finas. Saltee los boletos en el aceite restante durante 1 o 2 minutos, hasta que estén dorados, y salpimiéntelos. Lave el cebollino, escúrralo y córtelo en aros. Sirva las codornices con las verduras y la salsa, y acompáñelo todo con patata fritas en dados.

Alitas de pollo picantes

Lave las alas de pollo, séquelas y salpimiéntelas.

Mezcle la salsa de guindilla con el azúcar y agregue el ajo majado. Sazone la salsa con el resto de ingredientes y unte las alas con ella.

Ase en el horno a 200 °C (390 °F); vaya dándoles la vuelta de vez en cuando y untándolas con más salsa.

Para 4 personas

32 alitas de pollo

Sal

Pimienta

200 ml de salsa de guindilla

4 c.p de azúcar moreno

2 dientes de ajo

2 c.s. de salsa de soja

1/2 c.p. de mezcla china de cinco especias

3-5 gotas de salsa tabasco

Tiempo de preparación:
15 minutos aprox.
(más el tiempo de cocción)
Por ración: 362 kcal/1513 kJ
28 g P, 20 g G, 24 g HC

Pato glaseado en brochetas de limoncillo

Para 4 personas

200 g (7 oz) de arroz basmati

4 pechugas de pato de 160 g (5 $^{1}/_{2}$ oz) cada una

10-12 tallos de limoncillo

5 dientes de ajo

3-4 c.s. de miel

1 trozo de jengibre fresco de unos 3 cm

2 calabacines pequeños

3 claras de huevo

225 ml de salsa Hoisin

225 ml de salsa de soja

4 c.s. de aceite de sésamo

5 cl de vino de arroz

1-2 c.p. de mezcla china de cinco especias

Sal

Pimienta

125 g (4 $^{1}/_{2}$ oz) de harina de tempura

Aceite de oliva para freír

Tiempo de preparación:
20 minutos aprox.
(más el tiempo de cocción)
Por ración: 610 kcal/2562 kJ
32 g P, 22 g G, 71 g HC

Cueza el arroz siguiendo las instrucciones del envase. Corte las pechugas diagonalmente en 4 trozos iguales. Limpie los tallos de limoncillo, lávelos y ensarte los trozos de carne en ellos.

Precaliente el horno a 200 °C (390 °F). Pele los ajos y májelos. Pele el jengibre y píquelo. Componga una marinada con el ajo, la miel, el jengibre, las salsas Hoisin y de soja, el aceite de sésamo, 4 cl de vino de arroz y las especias chinas.

Salpimiente la carne, fríala por un lado hasta que esté crujiente, dele la vuelta y siga durante 1 minuto más . A continuación, úntela con la marinada. Meta las brochetas en el horno durante 10 minutos. Siga untándolas con la marinada cada 2 minutos.

Mezcle la harina de tempura con un poco de agua y las claras de huevo. Limpie los calabacines, lávelos y córtelos en rodajas de $^{1}/_{2}$ cm. Caliente el aceite de oliva, vaya pasando las rodajas de calabacín por la masa de rebozar y fríalas en el aceite hasta que estén doradas. Retírelas de la sartén y déjelas escurrir sobre papel de cocina.

Añada a la grasa de la sartén el resto de la marinada y el vino de arroz restante y deje que reduzca hasta obtener una salsa cremosa. Pásela por un chino y rocíe con ella las brochetas de pato.

Saté de pollo con salsa de cacahuete

Para 4 personas

2 c.s. de zumo de limón
1 c.s. de salsa de soja
1/2 litro de leche de coco
1 c.p. de granos de cilantro molidos
1 cebolla
2 dientes de ajo
1 trozo de jengibre de 1 cm
600 g (1 1/4 lb) de pechuga de pollo
2 chalotes
2 guindillas verdes
1 c.s. de aceite de oliva
1 c.p. de jengibre molido
150 g (5 1/2 oz) de crema de cacahuete
2 c.s. de leche
Brochetas de madera

Tiempo de preparación:
20 minutos
(más el tiempo de maceración)
Por ración: 487 kcal/2047 kJ
45 g P, 23 g G, 14 g HC

Mezcle el zumo de limón con la salsa de soja, la leche de coco y el cilantro molido.

Pele la cebolla, los ajos y el jengibre, píquelos y agréguelos a la mezcla.

Corte las pechugas de pollo en trozos de 1/2 centímetro de grosor, póngalos en la marinada, tápelos y déjelos macerar durante 1 hora.

Para preparar la salsa, pele los chalotes y córtelos en dados pequeños. Lave la guindilla, retire las semillas y córtela en dados. Rehogue los chalotes y la guindilla en el aceite caliente. Agregue el jengibre en polvo, remueva bien y añada la crema de cacahuete, la leche y 125 ml de agua. Deje que reduzca, rectifique la sazón con un poco de salsa de soja y mantenga caliente.

Saque las tiras de pollo de la marinada, ensártelas en las brochetas humedecidas y áselas bajo el grill del horno durante unos 7 minutos por cada lado. Sirva las brochetas con la salsa de cacahuete.

Para 4 personas

500 g (1 lb) de pechuga de pollo deshuesada
Sal, pimienta
2 c.s. de aceite de oliva
1 calabacín pequeño
2 cebollas grandes
1 c.s. de semillas de alcaravea
1 c.s. de mejorana picada
4 tomates pequeños
8 lonchas de panceta
4 brochetas

Tiempo de preparación:
20 minutos
Por ración: 467 kcal/1954 kJ
42 g P, 29 g G, 7 g HC

Brochetas de pollo con calabacines

Trocee el pollo en dados pequeños y salpimiéntelos dentro de un cuenco. Agregue el aceite de oliva y mezcle bien.

Lave los calabacines. A continuación, córtelos en 8 rodajas gruesas.

Pele las cebollas, córtelas en cuartos y mézclelas con la alcaravea y la mejorana.

Lave los tomates y séquelos. Corte la panceta en trozos.

Prepare las brochetas alternando todos los ingredientes y pinchando por último un tomate.

Ase las brochetas en el grill durante unos 10 minutos por cada lado.

Pato Pekín

Para 4 personas

1 pato listo para cocinar de 1 $^{3}/_{4}$ kg (4 lb) aprox.

Sal

3 c.s. de vinagre

5 c.s. de vino de arroz

1 c.s. de miel

2 c.s. de zumo de limón

2 c.p. de maizena

2 c.p. de aceite de sésamo

100 ml de salsa Hoisin

3 c.s. de salsa de guindilla

Tiempo de preparación:
25 minutos aprox.
(más el tiempo de maceración y de cocción)
Por ración: 380 kcal/1596 kJ
29 g P, 28 g G, 4 g HC

Sumerja el pato durante 3 minutos en agua hirviendo con vinagre. Sáquelo del agua y séquelo bien. Mientras lo seca, frote bien la piel para que ésta se separe de la carne. Cuelgue el pato en un lugar fresco y aireado durante unas 4 horas hasta que la piel esté apergaminada.

Mezcle 100 ml de agua hirviendo con el vino de arroz, la miel, el zumo de limón, la maizena y el aceite de sésamo. Unte el pato con este glaseado y deje secar. Repita la operación 4 veces en intervalos de una hora. A continuación, déjelo secar toda la noche.

Precaliente el horno a 175 °C (340 °F). Coloque el pato sobre la rejilla del horno con la pechuga hacia arriba. Ponga debajo una bandeja con un poco de agua. Hornee durante 20 minutos. Dé la vuelta al pato y siga horneando otros 20 minutos. Mientras está en el horno, rocíelo de vez en cuando con su propio jugo y con el glaseado.

Vuelva a darle la vuelta al pato y siga asándolo con la pechuga hacia arriba otros 20 minutos más.

Hierva el resto del glaseado junto con la salsa Hoisin y la salsa de soja y deje que reduzca. Trocee el pato en porciones individuales y decórelo con la salsa de guindilla.

Para 4 personas

4 manzanas
El zumo de 1 limón
1 perdiz
Sal
Pimienta
2 ramitas de romero
2 c.s. de aceite de oliva
200 ml de caldo de gallina
100 ml de caldo de verduras
2 c.s. de azúcar

Tiempo de preparación:
30 minutos aprox.
(más el tiempo de cocción)
Por ración: 323 kcal/1355 kJ
23 g P, 12 g G, 31 g HC

Perdiz con manzanas caramelizadas

Precaliente el horno a 220 °C (430 °F). Pele las manzanas, retíreles el corazón, córtelas en aros gruesos y rocíelas con el zumo de limón.

Lave la perdiz, séquela y salpimiéntela por dentro y por fuera. Lave el romero, escúrralo e introdúzcalo en la barriga de la perdiz.

Caliente el aceite en una cazuela. Coloque la perdiz y hornee durante unos 20 minutos. Sáquela, córtela en cuartos y mantenga la carne caliente.

Vierta en la cazuela el caldo de gallina y el de verduras y lleve a ebullición. Deje que reduzca a la mitad removiendo. Ponga el azúcar en una sartén y caliéntelo hasta que esté caramelizado. Cueza los aros de manzana en el caramelo; deles la vuelta una vez con cuidado. Disponga la perdiz con los aros de manzana decorativamente, vierta el jugo por encima y sirva.

Muslos de ganso agridulces

Lave los muslos y hiérvalos en 1 litro de agua junto con la sal, 2 cucharaditas de azúcar, los dados de cebolla, el laurel y el tomillo. Añada el vinagre y deje cocer, tapado, durante unas 3 horas.

Saque los muslos, cuele el caldo, viértalo sobre los muslos y deje enfriar toda la noche.

Retire del caldo la grasa solidificada y fría en ella los muslos de ganso. Rocíelos con el azúcar restante y deje que caramelice.

Vierta 250 ml del caldo por encima, deje que hierva enérgicamente y salpimiente. Espese la salsa con la maizena. Sirva los muslos de ganso con la salsa y las láminas de manzana.

Para 4 personas

4 muslos de ganso
Sal
3 c.p. de azúcar
1 cebolla en dados
2 hojas de laurel
5 granos de pimienta negra
1 c.p. de tomillo seco
125 ml de vinagre de manzana
1 c.p. de maizena
Láminas de manzana para decorar

Tiempo de preparación:
15 minutos aprox.
(más el tiempo de cocción
y de refrigeración)
Por ración: 350 kcal/1470 kJ
22 g P, 27 g G, 4 g HC

Para 4 personas

500 g (1 lb) de alas de pollo
Aceite de oliva
300 g (11 oz) de verduras para sopa
175 ml de vino Madeira
500 ml de caldo de ave
1 patata
175 g (6 oz) de tomates secos en aceite
300 g (11 oz) de champiñones de campo
7-10 chalotes pequeños
1 c.p. de azúcar
4 pechugas de pintada de 150 g (5 1/2 oz) cada una
Sal, pimienta
1 ramita de romero
4-5 ramitas de tomillo
4 dientes de ajo

Tiempo de preparación:
20 minutos aprox.
(más el tiempo de cocción)
Por ración: 760 kcal/3192 kJ
58 g P, 51 g G, 17 g HC

Pechuga de pintada con chalotes y champiñones

Lave las alas de pollo, séquelas y separe la carne de los huesos. Saltee la carne con un poco de aceite a fuego fuerte hasta que esté bien tostada. Agregue las verduras para sopa picadas y siga salteando.

Vierta el Madeira y deje que reduzca casi por completo. Añada el caldo de ave. Pele la patata, lávela, rállela y agréguela a la sartén. Deje que la salsa reduzca a la mitad, después pásela por un chino y resérvela.

Entre tanto, saque los tomates del aceite, pártalos por la mitad y añada 5 cucharadas del aceite. Limpie los champiñones con un cepillo o papel de cocina. Pele los chalotes, mézclelos con el azúcar y saltéelos con un poco de aceite hasta que estén muy dorados. Resérvelos.

Lave las pechugas de pintada, séquelas y salpimiéntelas. Lave las hierbas, escúrralas y separe las hojas de los tallos. Pique las hojas y reserve 1/3 para decorar.

Caliente el resto del aceite, fría las pechugas en él durante unos 5 minutos, hasta que estén bien doradas. Agregue los tomates, los champiñones, los chalotes, los ajos sin pelar y 2/3 de las hierbas picadas. Tape la sartén y deje cocer a fuego lento durante unos 20 minutos. Retire la tapadera 10 minutos antes de terminar la cocción.

Caliente la salsa. Disponga la pechuga de pintada con las verduras en una fuente de servir y rocíe con la salsa. Espolvoree con las hojas de tomillo reservadas. Acompañe este plato con tirabeques.

INFORMACIÓN

Los champiñones de campo, de color crema, tienen un aroma más intenso que los champiñones blancos de cultivo.

Para 4 personas

4 codornices

400 g (14 oz) de boletos

3 c.s. de aceite de oliva

Sal

Pimienta

Tiempo de preparación:
30 minutos aprox.
(más el tiempo de cocción)
Por ración: 273 kcal/1145 kJ
25 g P, 19 g G, 1 g HC

Codornices con boletos

Lave las codornices y séquelas. Limpie los boletos y cepíllelos o frótelos con papel de cocina. A continuación, córtelos en láminas.

Caliente 2 cucharadas de aceite de oliva en una sartén y saltee los champiñones entre 3 y 5 minutos, hasta que estén bien dorados. Seguidamente, salpimiéntelos, sáquelos de la sartén y resérvelos. Limpie la sartén con papel de cocina.

Salpimiente las codornices. Caliente el resto del aceite en la sartén y ase las codornices por ambos lados durante unos 5 minutos; aplástelas un poco mientras las cocina. Deles la vuelta, baje el fuego, tape la sartén y siga cocinándolas de 5 a 8 minutos, hasta que estén hechas.

Incorpore los boletos y, cuando estén calientes, dispóngalos en una fuente de servir junto con las codornices. Sirva con ensalada verde.

Para 4 personas

1 pollo listo para cocinar de 1 1/4 kg (2 3/4 lb)

Aceite de oliva

1 manojo de cebolletas

60 g (2 oz) de champiñones

3 tomates

300 ml de vino blanco seco

Sal

Pimienta

1 c.p de harinal

Tiempo de preparación:
30 minutos
(más el tiempo de cocción)
Por ración: 500 kcal/2100 kJ
51 g P, 30 g G, 4 g HC

Pollo al vino blanco

Corte el pollo en 4 cuartos. Caliente aceite en una cazuela y ase el pollo por todos los lados.

Limpie las cebolletas, lávelas y córtelas en aros. Limpie los champiñones, frótelos con un paño húmedo y córtelos en láminas. Lave los tomates y córtelos en octavos o en rodajas.

Incorpore al pollo las cebolletas, los champiñones, los tomates y el vino y lleve a ebullición. Salpimiente y deje cocer, tapado, durante 30 minutos.

Retire el pollo de la cazuela. Disuelva la harina en un poco de agua y añádalo a la salsa del asado para espesarlo. Devuelva el pollo a la sartén y sírvalo en la salsa. Acompañe con arroz.

Ragú de gallina

Cueza la gallina en una olla con suficiente agua durante aproximadamente 1 1/4 hora, hasta que esté tierna. Saque la gallina del caldo y deje que se enfríe. Deshuese la carne y píquela.

Caliente el aceite en una cazuela. Agregue la harina y confeccione un *roux*. Vierta un poco de caldo, remueva bien y deje que reduzca.

Limpie los champiñones y córtelos en láminas. Descongele los guisantes. Incorpore ambos a la salsa junto con las puntas de espárrago y deje cocer a fuego lento durante 3 minutos. Enriquezca la salsa con las yemas, la nata agria y el vino y aderece con sal, pimienta y zumo de limón.

Introduzca la carne en la salsa e incorpore el perejil picado. Sirva el ragú de gallina acompañado de arroz.

Para 4 personas

1 gallina de 1 1/4 kg (2 3/4 lb)
Aceite de oliva
40 g (1 1/2 oz) de harina
500 ml de caldo de gallina
60 g (2 oz) de champiñones
120 g (4 oz) de guisantes congelados
100 g (3 1/2 oz) de puntas de espárrago envasadas
3 yemas
60 g (2 oz) de nata agria
80 ml de vino blanco
Sal
Pimienta
1 c.s. de zumo de limón
2 c.s. de perejil fresco picado

Tiempo de preparación:
30 minutos
(más el tiempo de cocción
y de refrigeración)
Por ración: 675 kcal/2835 kJ
45 g P, 48 g G, 14 g HC

Para 4 personas

250 g (9 oz) de ciruelas pasas sin hueso

1 ganso de unos 4 kg (8 3/4 lb) con los despojos

Sal

Pimienta

750 g (1 3/4 lb) de manzanas

1 c.p. de mejorana seca

Tiempo de preparación:
20 minutos aprox.
(más el tiempo de remojo
y de cocción)
Por ración: 768 kcal/3223 kJ
26 g P, 48 g G, 57 g HC

Asado de ganso

Ponga en remojo las ciruelas toda la noche. Lave el ganso y séquelo suavemente con papel de cocina. Salpimiente bien por dentro y por fuera.

Trocee los despojos (el hígado, el estómago, el corazón, etc.). Precaliente el horno a 180 °C (355 °F).

Pele las manzanas, retíreles el corazón y córtelas en ocho trozos. Mezcle las manzanas con los despojos y las ciruelas pasas, sazone, agregue la mejorana y rellene el ganso con la mezcla. A continuación, cósalo o ciérrelo con palillos.

Hornee el ganso durante unas 3 horas a 180 °C (355 °F). Durante la cocción, dele la vuelta varias veces y vaya retirando la grasa desprendida. Vierta 500 ml de agua poco a poco. Durante la última media hora suba la temperatura del horno a 225 °C (440 °F). Una vez listo, abra la puerta del horno y deje reposar unos 15 minutos.

Sirva el ganso acompañado de col lombarda y de patata condimentada. Desengrase el fondo del asado y utilícelo como salsa.

Pechuga de pintada al jengibre

Para 4 personas

300 g (11 oz) de setas *shiitake*
300 g (11 oz) de tirabeques
1 trozo de jengibre fresco de 1 cm aprox.
4 cebollas picadas
Aceite de oliva
125 g (4 1/2 oz) de arroz basmati
Sal
100 g (3 1/2 oz) de zanahoria en dados
1 pimiento amarillo en dados
1 guindilla roja picada
4 pechugas de pintada deshuesadas, con piel
Pimienta
3 tallos de limoncillo
125 ml de caldo de ave
Perejil picado

Tiempo de preparación: 20 minutos aprox. (más el tiempo de cocción)
Por ración: 630 kcal/2646 kJ
37 g P, 34 g G, 47 g HC

Precaliente el horno a 200 °C (390 °F). Limpie las setas con un cepillo o papel de cocina y retíreles el pie. Con un cuchillo practique una cruz sobre el sombrerillo. Limpie los tirabeques, lávelos y córtelos por la mitad, a lo largo.

Pele el jengibre y córtelo en láminas muy finas. Rehogue las cebollas en aceite caliente. Lave el arroz, incorpórelo, siga rehogando y cúbralo con agua. Sazone y deje que hierva a fuego lento durante 10 minutos. Agregue las zanahorias, el pimiento, la guindilla, los tirabeques y deje cocer durante unos 6 minutos.

Entre tanto, lave la carne y séquela. Introduzca las láminas de jengibre bajo la piel de las pechugas y salpimiente. Limpie los tallos de limoncillo, retire el extremo superior y córtelos por la mitad, a lo largo.

Ase la carne en aceite muy caliente por el lado de la piel, dele la vuelta e incorpore las setas y el caldo. Hornee durante 12 minutos en el horno precalentado.

Pase el fondo del asado por un chino y viértalo sobre el arroz con verduras. Retire las setas y resérvelas. Sazone un poco el arroz. Agregue el perejil y entremézclelo con el arroz; reserve un poco para decorar.

Sirva el arroz en platos individuales, disponga rodajas de pintada por encima y decore con las setas *shiitake* y el perejil reservados.

Para 4 personas

350 g (3/4 lb) de hígado de gallina

3 chalotes pequeños

1 1/2 c.s. de aceite de oliva

2 c.s. de vinagre de jerez

2 c.s. de jerez seco

1 ramita de tomillo fresco

200 ml de caldo de gallina

2 c.p. de miel

Sal, pimienta

Perejil plano fresco picado

Tiempo de preparación:
20 minutos
(más el tiempo de cocción)
Por ración: 193 kcal/810 kJ
20 g P, 8 g G, 11 g HC

Hígado de gallina con glaseado de jerez

Limpie los hígados, lávelos y séquelos. Pele los chalotes y córtelos en dados. Caliente el aceite en una sartén grande y fría los hígados durante unos 5 minutos, hasta que estén muy dorados por fuera pero todavía de color rosa por dentro. Retírelos de la sartén y manténgalos calientes.

Incorpore a la sartén el vinagre y el jerez junto con los chalotes y deje que hierva. Remueva constantemente. Lave el tomillo, escúrralo y agréguelo.

Vierta el caldo de gallina, la miel y remueva bien. Deje que hierva hasta que haya reducido a 4 cucharadas. Retire la ramita de tomillo y vuelva a poner los hígados en la sartén. Caliéntelos removiendo suavemente. Salpimiente al gusto y decore con perejil.

Bistec de avestruz con crema de cacahuete

Precaliente el horno a 180 °C (355 °F). Corte el bistec de avestruz en medallones y salpimiéntelos. Áselos a fuego fuerte en un poco de aceite y deje que terminen de hacerse en el horno durante 10 minutos.

Pele los boniatos, lávelos y córtelos en rodajas finas. Fríalas en aceite y sazónelas al gusto. Lave la hojas de achicoria, escúrralas y trocéelas.

Caliente un poco de aceite en una sartén, rehogue la achicoria en él y salpimiente. Vierta el cado de ave y deje cocer durante unos 5 minutos.

Para preparar la salsa, tueste los cacahuetes con un poco de aceite. Incorpore la nata líquida y aderece con vino blanco, sal y pimienta.

Disponga los bistecs de avestruz en una fuente de servir, rocíelos con la salsa y sírvalos acompañados de los boniatos y la achicoria.

Para 4 personas

700 g (1 1/2 lb) de bistec de avestruz

Sal

Pimienta

Aceite de oliva

600 g (1 1/4 lb) de boniatos

2-3 achicorias pequeñas

100 ml de caldo de ave

150 g (5 1/2 oz) de cacahuetes picados

150 ml de nata líquida

2 c.s. de vino blanco

Tiempo de preparación:
15 minutos aprox.
(más el tiempo de cocción)
Por ración: 778 kcal/3266 kJ
49 g P, 46 g G, 41 g HC

Paloma asada

Para 4 personas

4 palomas listas para cocinar, con despojos

Sal, pimienta

1 ramita de tomillo

1 ramita de salvia

1 cebolla

2 dientes de ajo

4 c.s. de aceite de oliva

1 panecillo del día anterior

1 botella de vino tinto seco

1 c.s. de zumo de limón

50 g (1 3/4 oz) de olivas negras

1 c.p. de cacao en polvo

Tiempo de preparación:
25 minutos
(más el tiempo de cocción)
Por ración: 930 kcal/3906 kJ
57 g P, 59 g G, 41 g HC

Lave los cuellos y los despojos de las palomas y séquelos suavemente con papel de cocina. Deshuese los cuellos y píquelo todo. Lave las palomas, séquelas y salpimiéntelas. Lave el tomillo y la salvia y escúrralos. Separe las hojas de los tallos y píquelas. Pele la cebolla y los ajos y córtelos en dados finos.

Caliente 2 cucharadas de aceite y rehogue los despojos, las hierbas, la cebolla y el ajo durante unos minutos. Ralle el pan y agréguelo. Vierta 550 ml de vino tinto y lleve a ebullición. A continuación, deje que reduzca un tercio a fuego moderado.

Caliente el resto del aceite en una cazuela y ase las palomas por todos los lados. Agregue el resto del vino, tape el recipiente y deje cocer durante unos 45 minutos, hasta que estén tiernas. Luego, sáquelas de la cazuela y manténgalas calientes.

Pase la salsa por un chino, viértala en la cazuela y lleve a ebullición. Aderece con zumo de limón. Parta las olivas por la mitad y quíteles el hueso. Espolvoree el cacao sobre la salsa y mezcle bien. Por último, incorpore las olivas. Sirva las palomas rociadas con la salsa.

Para 4 personas

1 pollo listo para cocinar de 1 1/4 kg (2 3/4 lb) aprox.

300 g (11 oz) de tomates

1 cebolla

5 c.s. de aceite de oliva

150 ml de vino blanco seco

1 guindilla seca

1 c.s. de perejil fresco picado

1 c.s. de levístico fresco picado

1 c.s. de albahaca fresca picada

50 g (1 3/4 oz) de queso *provolone*

Sal

Pimienta

Tiempo de preparación:
30 minutos
(más el tiempo de cocción)
Por ración: 853 kcal/3581 kJ
43 g P, 57 g G, 12 g HC

Pollo con hierbas y provolone

Salpimiente el pollo y córtelo en 8 trozos. Escalde los tomates, pélelos, despepítelos y córtelos en octavos. Pele las cebollas y córtelas en aros.

Caliente el aceite en una sartén y fría bien el pollo por todos los lados. Incorpore los aros de cebolla y deje que se hagan un poco. Vierta el vino, desmorone la guindilla y agréguela.

Lleve a ebullición y deje que hierva a fuego lento hasta que el vino se haya consumido casi por completo. Añada entonces los tomates y las hierbas.

Tape la sartén y deje cocer a fuego medio durante 1 hora, aproximadamente. Transcurridos 40 minutos, corte el queso en dados y agréguelo. Una vez listo, rectifique la sazón y sirva.

Muslos de pollo a la andaluza

Para 4 personas

6-8 muslos de pollo
Sal
Pimienta
Aceite de oliva
10 olivas negras
1 guindilla roja
1 tomate seco
3 dientes de ajo
7 1/2 cl de jerez seco

Tiempo de preparación:
15 minutos aprox.
(más el tiempo de cocción)
Por ración: 700 kcal/2940 kJ
42 g P, 56 g G, 4 g HC

Salpimiente los muslos de pollo y áselos en un poco de aceite hasta que estén bien dorados. Tape la sartén y siga cocinándolos durante 30 minutos. A continuación, deje que se enfríen.

Separe la carne de los huesos y córtela en trozos grandes. Quíteles el hueso a las olivas y córtelas en láminas.

Lave la guindilla, pártala por la mitad, extraiga las semillas y píquela. Trocee el tomate en dados. Pele el ajo y córtelo en láminas.

Precaliente el horno a 150 °C (300 °F). Mezcle la carne de pollo con el ajo, la guindilla, el tomate y las olivas y colóquelo todo en un molde refractario.

Rocíe el pollo con el jerez y hornee durante unos 20 minutos.

Para 4 personas

- 1 pollo
- El zumo de 3 1/2 limones
- 150 ml de yogur natural
- 1 c.s. de polvo de curry
- 1 c.p. de granulado de caldo de pollo
- 1 lata pequeña de maíz
- 1 mango grande maduro
- 175 ml de mayonesa
- 100 ml de nata líquida
- 8 ramitas de perejil plano

Tiempo de preparación:
20 minutos
(más el tiempo de maceración y de cocción)
Por ración: 575 kcal/2415 kJ
12 g P, 50 g G, 21 g HC

Pollo en salsa de maíz y mango

Lave el pollo, séquelo y trocéelo. Mezcle el zumo de 3 limones con el yogur, el curry y el caldo. Frote la carne con esta mezcla, tápela y deje que macere durante por lo menos 3 horas.

Precaliente el horno a 200 °C (390 °F). Introduzca el pollo en el horno, con el grill encendido, y deje que se haga entre 30 y 40 minutos.

Escurra el maíz. Pele el mango, separe la pulpa del hueso y córtela en dados.

Mezcle la mayonesa con la nata y el zumo de limón restante. Incorpore el mango y el maíz.

Lave el perejil, escúrralo, píquelo y agréguelo. Sirva el pollo con la salsa de maíz y mango.

Alas de pollo en salsa de naranja

Para 4 personas

12 alas de pollo

Sal

Pimienta

3 c.s. de aceite de sésamo

4-5 c.s. de miel líquida

5 c.s. de aceite de oliva

1 naranja

1 $^{1}/_{2}$ c.s. de azúcar

Tiempo de preparación:
40 minutos aprox.
(más el tiempo de maceración)
Por ración: 398 kcal/1670 kJ
25 g P, 27 g G, 14 g HC

Salpimiente las alas de pollo. Mezcle el aceite de sésamo con la miel y vierta esta marinada sobre las alas. Mezcle bien y deje macerar durante 30 minutos.

Caliente el aceite de oliva en un wok y ase las alas a fuego fuerte durante unos 4 minutos por cada lado, hasta que estén hechas.

Retire el wok del fuego, saque las alas y manténgalas calientes. Lave la naranja con agua caliente, séquela, corte algunas tiras finas de piel y ralle el resto. Después, exprima el zumo.

Caliente el azúcar a fuego lento, sin remover, hasta que se caramelice; luego, retírelo del fuego. Agréguele el zumo de naranja y los jugos del asado. Remueva con el fuego bajo hasta obtener una salsa fina. Añada un poco de agua o zumo de naranja si fuera necesario.

Incorpore la mitad de la ralladura de naranja y deje que hierva suavemente unos 3 minutos. Disponga las alas en una fuente de servir, vierta la salsa por encima, espolvoree con el resto de la ralladura y decore con las tiras de piel de naranja.

Para 4 personas

20 g (3/4 oz) de colmenillas secas

500 g (1 lb) de espárragos blancos

500 g (1 lb) de espárragos trigueros

Sal

1/2 c.p. de azúcar

150 g (5 1/2 oz) de mantequilla

1 chalote

400 g (14 oz) de champiñones de campo

4 pechugas de pularda de 200 g (7 oz) cada una

1 c.s. de aceite de oliva

250 ml de salsa holandesa (envasada)

1/2 manojo de cebollino

Tiempo de preparación:
20 minutos aprox.
(más el tiempo de remojo y de cocción)
Por ración: 533 kcal/2237 kJ
37 g P, 40 g G, 7 g HC

SUGERENCIA

Si dispone de tiempo suficiente, prepare usted mismo la salsa holandesa a base de yema de huevo, limón, mantequilla y un poco de agua.

Pechuga de pularda con espárragos y colmenillas

Ponga en remojo las colmenillas durante 1 hora, aproximadamente. Lave los espárragos, pélelos y trocéelos. Ponga a hervir agua en una olla, agregue la sal, el azúcar y 1 cucharadita de mantequilla.

Cueza los espárragos durante 8 o 10 minutos hasta que estén tiernos pero firmes; sáquelos del agua y resérvelos. Pele el chalote y córtelo en dados pequeños. Limpie los champiñones con un cepillo o frótelos con papel de cocina y rehóguelos, junto con el chalote, en 1 cucharada de aceite.

Escurra bien las colmenillas y agréguelas. Lave la carne, séquela y ásela con el aceite durante 8 o 10 minutos. Salpimiéntela.

Prepare la salsa holandesa según las instrucciones del envase y agréguele la mantequilla restante. Disponga la carne sobre el lecho de verduras, rocíe con la salsa y sirva el plato decorado con aros de cebollino.

Pechuga de pollo en mole

Precaliente el horno a 180 °C (355 °F).

Pele la cebolla y píquela. Mezcle la harina con la canela en un cuenco y pase los filetes por la mezcla de modo que queden bien cubiertos. Reserve un poco de harina con canela.

Caliente el aceite en una sartén y haga las pechugas a fuego moderado hasta que estén bien doradas; deles la vuelta una vez. Saque la carne de la sartén y deje que escurra sobre papel de cocina.

Incorpore a la sartén la cebolla, el azúcar, el cacao tamizado y el concentrado de tomate y deje cocer brevemente. Vierta poco a poco el caldo y el vino y remueva de vez en cuando. Siga cociendo a fuego lento hasta obtener una consistencia cremosa.

En un cuenco, mezcle la nata fresca con la mezcla de harina y canela reservada y añádalo a la sartén junto con los albaricoques. Remueva bien.

Coloque las pechugas en un molde refractario engrasado, vierta por encima la salsa de chocolate y hornee durante 20 minutos.

Para 4 personas

4 pechugas de pollo deshuesadas de 150 g (5 1/2 oz) cada una

1 cebolla

5 c.s. de harina

1/2 c.p. de canela molida

3 c.s. de aceite de oliva

2 c.p. de azúcar moreno

1 c.s. de cacao en polvo

2 c.p. de concentrado de tomate

250 ml de caldo de gallina

60 ml de vino blanco

85 g (3 oz) de albaricoques secos

1 c.s. de nata fresca espesa

Tiempo de preparación: 45 minutos aprox.
Por ración: 353 kcal/1481 kJ
40 g P, 10 g G, 21 g HC

Faisán con manzanas y puré de castañas

Para 4 personas

500 g (1 lb) de manzanas

40 g (1 1/2 oz) de mantequilla

1 faisán

Sal

100 g (3 1/2 oz) de panceta grasa en lonchas

Aceite de oliva

250 ml de caldo de gallina

250 g (9 oz) de puré de castañas

225 ml de sidra

2 c.p. de maizena

125 ml de nata líquida

Pimienta

Tiempo de preparación:
20 minutos aprox.
(más el tiempo de cocción)
Por ración: 615 kcal/2583 kJ
15 g P, 38 g G, 49 g HC

Pele las manzanas, quíteles el corazón, córtelas en gajos y rehóguelas en la mantequilla. Procure que queden firmes.

Lave el faisán, séquelo y frótelo con sal por dentro y por fuera. Cubra las pechugas con la panceta y átelo bien con hilo de cocina. Ponga el faisán en una cazuela con aceite, tápelo y déjelo durante 1 hora, aproximadamente. Vaya incorporando el caldo de gallina poco a poco.

Saque el faisán de la cazuela, desátelo, trocéelo y manténgalo caliente. Caliente el puré de castañas con el fondo del asado y añada las manzanas. Retire de la cazuela y reserve.

Vierta la sidra en la cazuela, deje que hierva, agregue la maizena y remueva hasta que espese. Aderece con nata líquida, sal y pimienta. Vierta la crema sobre el faisán y sirva con el puré de castañas y las manzanas. Acompañe este plato con puré de patatas.

Para 4 personas

1 ganso de 3 kg (6 1/2 lb) aprox.

Sal

Pimienta

5 manzanas

700 g (1 1/2 lb) de guindas de bote escurridas

8 cl de *kirsch* (licor de cerezas)

3 c.s. de compota de manzana

Tiempo de preparación:
30 minutos aprox.
(más el tiempo de cocción)
Por ración: 743 kcal/3119 kJ
26 g P, 48 g G, 39 g HC

Ganso de san Martín flambeado

Lave el ganso y salpimiéntelo por dentro y por fuera. Lave las manzanas, quíteles el corazón y pártalas en cuartos. Rellene el ganso con la mitad de las guindas y ciérrelo con palillos. Pínchelo por debajo de los muslos y póngalo en una bandeja para horno con las pechugas hacia abajo. Vierta 250 ml de agua hirviendo por encima.

Ponga el ganso en el horno (sin precalentar) y áselo durante 3 horas a 200 °C (390 °F). Pasados 45 minutos, dele la vuelta. Vaya rociándolo de vez en cuando con su propio jugo y 400 ml de agua durante la cocción. Cuando esté hecho, humedézcalo con un poco de agua con sal, suba la temperatura a 250 °C (480 °F) y siga asándolo hasta que esté bien dorado y crujiente.

Flambee el ganso con la mitad del *kirsch.* Pase el fondo del asado por un chino, retire la grasa y agregue agua hasta obtener 400 ml de líquido. Vierta éste sobre el ganso. Agregue las guindas restantes, el resto de *kirsch* y la compota. Trinche el ganso, rocíelo con la salsa y sírvalo acompañado de patata.

Aves

Asado de ganso de Pomerania

Para 6 personas

6-8 manzanas ácidas

1 rebanada de pan negro rallado

1 ganso joven de unos 3 kg (6 3/4 lb) a punto para ser cocinado

2 c.s. de pasas

2 c.s. de azúcar

1/8 de litro de caldo de carne

1 c.s. de harina

Sal, pimienta

Tiempo de preparación:
3 horas aprox.
Por ración: 1830 kcal/7686 kJ
80 g P, 156 g G, 32 g HC

Pele las manzanas, quíteles el corazón y córtelas en gajos. Mezcle el pan rallado con las pasas, la manzana, un poco de sal y el azúcar.

Lave el ganso, séquelo y salpimiéntelo por dentro y por fuera. Rellénelo con la mezcla de manzana. Ciérrelo con ayuda de palillos, coloque las alas en dirección a la espalda y ate las patas al cuerpo con hilo de cocina.

Precaliente el horno a 200 °C (390 °F). Coloque el ganso, con la pechuga hacia abajo, sobre la rejilla del horno y ponga una bandeja con 1/2 litro de agua caliente debajo. Ase el ganso durante 1 hora, dele la vuelta y déjelo 1 1/2 hora más. Pinche los muslos durante la cocción para que pueda salir la grasa. Rocíe el ganso con su propio jugo una y otra vez, una vez retirada la grasa de éste.

Extraiga el relleno con ayuda de dos cucharas y mantenga el ganso y el relleno calientes. Ponga un poco de relleno en el fondo del asado y deje que hierva. Espolvoree la harina por encima y vierta el caldo de carne. Pase la salsa por un chino y sírvala con el ganso en un cuenco aparte.

El asado de ganso de Pomerania se sirve tradicionalmente acompañado de patatas cocidas y col lombarda.

SUGERENCIA

El ganso quedará muy crujiente si se humedece la pechuga con agua salada al final de la cocción y se sube la temperatura del horno durante unos minutos. Las aves se deben «componer» antes de ser asadas. Para ello, las alas se colocan por detrás de la espalda, los muslos se presionan contra el tronco y se atan con hilo de cocina. Así, el ave mantendrá su forma durante la cocción y las alas y los muslos, al no estar separados del cuerpo, no se tostarán antes de lo previsto ni se quemarán.

Caza

Caza

Para 4-6 personas

80 g (3 oz) de ciruelas pasas sin hueso

3 c.s. de coñac

1 1/4 kg (2 3/4 lb) de conejo deshuesado

1 hígado de conejo

Pimienta negra recién molida

Sal

La ralladura de 1 limón

75 g (2 1/2 oz) de panceta ahumada

3 ramitas de tomillo picado

3 ramitas de romero picado

1 hoja de laurel

500 ml de vino blanco

500 ml de fondo de caza

75 ml de aceite de oliva

Tiempo de preparación:
40 minutos aprox.
(más el tiempo de refrigeración y de cocción)
Por ración: 288 kcal/1208 kJ
45 g P, 22 g G, 12 g HC

Rillette de conejo

Pique las ciruelas, rocíelas con el coñac y resérvelas. Corte el conejo en dados irregulares. Lave el hígado y séquelo. Salpimiente y espolvoree con la ralladura de limón. Póngalo en un recipiente. Trocee la panceta en dados.

Incorpore al recipiente las hierbas, la panceta, las ciruelas, el zumo y la hoja de laurel. A continuación, vierta el vino blanco junto con el fondo de caza y el aceite de oliva. Tape y deje macerar toda la noche en la nevera.

Al día siguiente, precaliente el horno a 180 °C (355 °F). En un molde para terrinas, introduzca la mitad de la masa preparada y presiónela bien. Corte en lonchas el hígado marinado y póngalo encima. Termine de rellenar con el resto de la masa. Tape la terrina herméticamente y póngala al baño María en el horno a 180 °C (355 °F) durante 1 1/2 hora. Deje que se enfríe y póngala en la nevera durante 24 horas.

Ensalada de conejo

Limpie las verduras para sopa, lávelas y trocéelas. Ponga en una cazuela 1 1/2 litro de agua, meta el conejo y las verduras y lleve a ebullición.

Aderece generosamente con sal y deje que hierva, sin tapar, durante 1 hora; espume si fuera necesario. Cuando la carne esté hecha, deje enfriar. Una vez fría, saque la carne del caldo y escúrrala. Deshuese la carne y píquela.

Ponga el zumo de limón en un recipiente grande. Lave la salvia, escúrrala, córtela en tiras y añádala. Pele el ajo, májelo y agréguelo. Incorpore el aceite. Meta el conejo en la marinada, remueva bien y deje que macere toda la noche.

Para 4 personas

1 manojo de verduras para sopa

1 1/2 kg (3 1/4 lb) de pierna de conejo

Sal

El zumo de 3 limones

12 hojas de salvia fresca

2 dientes de ajo

200 ml de aceite de oliva prensado en frío

Tiempo de preparación:
30 minutos aprox.
(más el tiempo de cocción y de maceración)
Por ración: 498 kcal/2089 kJ
49 g P, 31 g G, 5 g HC

Conejo de campo al estilo italiano

Para 4 personas

1 conejo de campo
3 c.s. de aceite de oliva
Sal
Pimienta
3 dientes de ajo
1 cebolla
2 tomates grandes
2 tallos de apio
1 berenjena
100 ml de vino tinto italiano
2 c.s. de hierbas italianas (frescas o congeladas)
5 c.s. de *mascarpone*

Tiempo de preparación:
25 minutos aprox. (más el tiempo de cocción)
Por ración: 445 kcal/1869 kJ
59 g P, 18 g G, 7 g HC

Precaliente el horno a 180 °C (355 °F). Trocee el conejo. Caliente el aceite en una sartén o en una cazuela y vaya asando la carne por tandas hasta que esté bien dorada. A continuación, salpimiéntela.

Pele los ajos y la cebolla y píquelos. Limpie los tomates, el apio y la berenjena; lávelos y séquelos con papel de cocina. Corte los tomates en cuartos. Retire los hilos del apio y corte la mitad en rodajas; reserve el resto. Trocee la berenjena en dados pequeños.

Agregue las verduras a la carne y rehogue brevemente. Añada entonces el vino y las hierbas, tape y meta en el horno durante 1 hora.

10 minutos antes de que finalice la cocción, incorpore el *mascarpone* y aderece con sal y pimienta. Corte el apio reservado en dados pequeños y espárzalo sobre el asado justo antes de servir.

Pierna de alce con setas y manzanas

Para 4 personas

600 g (1 1/4 lb) de pierna de alce

1 c.s. de bayas de enebro machacadas

1 c.p. de sal

1 c.p. de pimienta negra

500 g (1 lb) de cantarelas

2 chalotes

3 c.s. de aceite de oliva

1 c.s. de harina

300 ml de nata para montar

300 ml de fondo de ternera

2 manzanas

60 g (2 oz) de jalea de moras

Tiempo de preparación:
30 minutos aprox.
(más el tiempo de cocción)
Por ración: 563 kcal/2363 kJ
34 g P, 43 g G, 12 g HC

Precaliente el horno a 175 °C (350 °F). Sazone la carne con las bayas de enebro, la sal y la pimienta y, a continuación, áselas en el horno; la temperatura interior de la carne no debe sobrepasar los 60 °C (125 °F); utilice un termómetro de carne.

Limpie las cantarelas y pártalas por la mitad. Pele los chalotes y píquelos. Caliente 2 cucharadas de aceite en una sartén y rehogue las setas y los chalotes.

Espolvoree la harina por encima y vierta la crema y el fondo de ternera. Deje que hierva y salpimiente al gusto.

Pele las manzanas, pártalas en cuartos y quíteles el corazón. Caliéntelas en el aceite restante y agregue la jalea de moras.

Trinche el asado de alce en lonchas y sírvalo con las setas y las manzanas.

Para 4 personas

800 g (1 3/4 lb) de lomo de reno

Sal, pimienta

2 cebollas rojas

Aceite de oliva

100 g (3 1/2 oz) de mermelada de arándanos rojos

2 c.s. de miel líquida

1 c.s. de zumo de limón

1/2 guindilla

Tiempo de preparación:
15 minutos aprox.
(más el tiempo de cocción)
Por ración: 450 kcal/1890 kJ
43 g P, 29 g G, 4 g HC

Asado de reno con cebollas rojas

Retire la piel y los nervios de la carne y salpimiéntela. Pele las cebollas y córtelas en cuartos. Precaliente el horno a 160 °C (320 °F). Caliente 2 cucharadas de aceite en una rustidera y ase bien la carne por todos los lados. Incorpore la mitad de la cebolla.

Meta la rustidera en el horno unos 20 minutos. Durante la cocción, unte la carne con un poco de aceite. A una temperatura interior de 63 °C (126 °F) –utilice un termómetro de carne– el lomo quedará de color rosa intenso por dentro y a 70 °C (135 °F), de color rosa suave. Retire del horno y mantenga caliente.

Rehogue el resto de las cebollas en 2 cucharadas de aceite. Lave, limpie y pique la guindilla. Mézclela con la mermelada de arándanos, el zumo de limón y la miel e incorpore a la sartén con la cebolla.

Corte la carne en lonchas. Sirva con las cebollas rojas y acompañe con patatas.

Para 4 personas

2 panecillos del día anterior

200 ml de leche

4 filetes de jabalí de 200 g (7 oz) cada uno

2 c.s. de mostaza

4 lonchas de panceta

1 cebolla

1 huevo

Perejil y cebollino frescos picados (1 manojo de cada)

Nuez moscada molida

Sal, pimienta

1 c.s. de mermelada de arándanos rojos

1 manojo de verduras para sopa

2 c.s. de aceite de oliva

1 hoja de laurel

1 ramita de romero y 1 de tomillo

100 ml de zumo de grosella

2 c.s. de maizena

Tiempo de preparación:
30 minutos aprox.
(más el tiempo de cocción)
Por ración: 448 kcal/1880 kJ
51 g P, 16 g G, 24 g HC

Filetes de jabalí rellenos

Remoje los panecillos en leche caliente. Golpee los filetes con una maza para que queden finos. Úntelos con la mostaza y ponga una loncha de panceta sobre cada uno.

Pele la cebolla y píquela. Escurra los panecillos y mézclelos con la cebolla, el huevo y las hierbas picadas. Agregue la mermelada y sazone con nuez moscada, sal y pimienta.

Reparta la masa anterior sobre los filetes, enróllelos y fíjelos con palillos. Limpie, lave y pique las verduras para sopa.

Caliente el aceite en una sartén y fría los rollos de carne. Agregue las verduras y siga rehogando. Incorpore la hoja de laurel y las ramitas de hierbas y vierta el vino y el fondo. Tape la sartén y deje cocer durante 1 1/4 hora. Saque la carne y manténgala caliente.

Pase el fondo del asado por un chino y deje que reduzca un poco. Mezcle el zumo de grosella con la maizena y espese la salsa con esta mezcla. Acompañe con ensalada de pimiento.

Pierna de ciervo con bayas

Hierva el vino junto con el vinagre, 200 ml de agua, los arándanos y las especias, y deje enfriar. Limpie la carne de piel y tendones, vierta el caldo anterior por encima y deje que macere durante 48 horas.

Pele las cebollas, el apio y las zanahorias y córtelos en dados. Saque la carne de la marinada y séquela cuidadosamente con papel de cocina. Cuele la marinada y resérvela junto con las bayas.

Precaliente el horno a 160 °C (320 °F). Salpimiente la carne y ásela bien por todos los lados en el aceite. Ase también los huesos.

Agregue a la carne las verduras y el concentrado de tomate y deje cocer brevemente. Entonces vierta la mitad de la marinada. Meta la carne en el horno durante 1 1/2 hora y vaya humedeciéndola con el propio jugo y con el resto de la marinada.

Saque la carne de la rustidera y manténgala caliente. Retire los huesos del fondo del asado. Triture el fondo, páselo por un chino y agregue la nata fresca y los arándanos. Deje que hierva a fuego lento durante 10 minutos y sírvala con la carne. Acompañe con col lombarda y patata.

Para 4 personas

500 ml de vino tinto

4 c.s. de vinagre de vino tinto

100 g (3 1/2 oz) de arándanos rojos

1 c.p. de tomillo

1 1/2 kg (3 1/4 lb) de pierna de ciervo deshuesada, y los huesos troceados

2 cebollas

100 g (3 1/2 oz) de bulbo de apio

2 zanahorias

Sal, pimienta

3 c.s. de aceite de oliva

1 c.p. de concentrado de tomate

100 g (3 1/2 oz) de nata fresca espesa

Tiempo de preparación:
30 minutos aprox.
(más el tiempo de maceración y de cocción)
Por ración: 358 kcal/1502 kJ
33 g P, 20 g G, 7 g HC

Lomito de reno con setas a las hierbas

Para 4 personas

2 puntas de lomo de reno de 800 g (1 3/4 lb) aprox.

Sal

Pimienta recién molida

3 bayas de enebro machacadas

1/2 hoja de laurel

500 g (1 lb) de setas (p. ej. champiñones y setas de bosque)

Aceite de oliva

2 c.s. de perifollo fresco

Tiempo de preparación: 10 minutos aprox. (más el tiempo de cocción)
Por ración: 345 kcal/1449 kJ
47 g P, 17 g G, 2 g HC

Salpimiente la carne. Precaliente el horno a 120 °C (250 °F).

Caliente aceite en una rustidera y ase el lomo junto con las bayas de enebro y la hoja de laurel. Tape y hornee durante 15 minutos.

Limpie las setas con un cepillo o con papel de cocina y córtelas en láminas. Saltéelas en aceite y durante 5 minutos hasta que estén bien doradas. Salpimiente.

Saque la carne y córtela en rodajas. Dispóngala en platos individuales, reparta las setas y sírvala espolvoreada con las hojitas de perifollo. Acompañe con pan de barra y mantequilla.

Espalda de jabalí con crosta de rábano picante

Para 4 personas

1 espalda de jabalí de 2 kg (4 1/2 lb) aprox.

Alguno huesos de jabalí

150 g (5 1/2 oz) de dados de zanahoria y 150 g más de bulbo de apio

150 g (5 1/2 oz) de cebolla en dados

5 dientes de ajo en dados

1 c.s. de aceite

3 hojas de laurel

1 c.p. de granos de pimienta negra

300 ml de vino blanco

100 g (3 1/2 oz) de tocino en dados

1 rábano picante fresco en dados

40 g (1 1/2 oz) de crema de rábano picante

Sal, pimienta

Azúcar

1 c.s. de zumo de limón

100 g (3 1/2 oz) de nata fresca espesa

Aceite de oliva

Tiempo de preparación:
40 minutos aprox.
(más el tiempo de reposo
y de cocción)
Por ración: 480 kcal/2016 kJ
56 g P, 22 g G, 8 g HC

Deshuese las carne y póngala en la nevera. Ase los huesos y las verduras en aceite durante unos 15 minutos a fuego fuerte. Agregue las especias y el vino y deje que hierva otros 15 minutos. Vierta 1 litro de agua junto con el fondo de caza y cueza a fuego lento durante 1 1/2 hora. Cuele el caldo y deje que reduzca a 500 ml. A continuación, déjelo enfriar.

Triture el tocino con los dados de rábano picante, la pimienta y la sal. Unte la carne con la mezcla y guárdela en la nevera, tapada, durante 12 horas.

Precaliente el horno a 225 °C (440 °F). Hornee la carne en una placa de horno durante 30 minutos.

Caliente el fondo reservado, pele el resto de rábano picante y rállelo. Incorpore al fondo el rábano rallado, la sal, el azúcar, el zumo de limón, la nata fresca espesa y remueva bien. Reserve.

Envuelva la carne en papel de aluminio y deje que repose. Despegue el fondo del asado con un poco de fondo de caza y agréguelo a éste. Añada la mezcla de rábano picante y salpimiente.

Ponga los filetes con un poco de aceite en una sartén y déjelos 3 minutos; salpimiéntelos. Disponga la carne con la salsa en una fuente de servir.

Para 4 personas

400 g (14 oz) de tallarines verdes

1 manojo de perejil

6 c.s. de aceite de oliva

1 c.s de granos de pimienta de Jamaica machacados

1 c.s de bayas de enebro machacadas

4 dientes de ajo

Sal

4 chuletas de jabalí

2 c.s. de aceite de oliva

500 ml de vino tinto

125 ml de fondo de setas

250 g (9 oz) de boletos (envasados)

5 c.s. de nata espesa

Higos en octavos para decorar

Tiempo de preparación:
30 minutos aprox.
(más el tiempo de cocción
y de refrigeración)
Por ración: 930 kcal/3893 kJ
45 g P, 45 g G, 75 g HC

Chuletas de jabalí con tallarines

Cueza los tallarines al dente siguiendo las instrucciones del envase.

Lave el perejil, séquelo y píquelo. Mézclelo con el aceite y las especias. Pele los ajos, macháquelos un poco con un tenedor y agréguelos. Sazone.

Unte la carne con la mezcla de aceite. Caliente el aceite en una sartén y haga las chuletas durante unos 8 minutos; úntelas de vez en cuando con la marinada mientras se hacen. Vierta, a continuación, el vino y el fondo y deje que reduzca durante 10 minutos.

Escurra los boletos e incorpórelos. Saque la carne, manténgala caliente y agregue entonces la nata espesa para despegar el fondo del asado.

Escurra la pasta y dispóngala en platos individuales junto con las chuletas y algunos trozos de higo.

Conejo al vino tinto

Trocee el conejo. Pele las cebollas y los ajos y píquelos. Limpie las verduras para sopa, lávelas y píquelas. Corte la panceta en dados pequeños.

Caliente el aceite de oliva en una rustidera y ase el conejo. Agregue la cebolla, el ajo, las verduras y la panceta y siga rehogando. Saque la carne cuando esté hecha.

Espolvoree la harina en la rustidera y haga un *roux*. Vierta el caldo y el vino y lleve a ebullición. Deje que hierva a fuego lento unos 3 minutos. Vuelva a poner la carne en la rustidera, ate las hierbas e incorpórelas también. Tape y deje cocer, durante 40 minutos, hasta que la carne esté tierna. Retire las hierbas y sazone con sal y pimienta. Acompañe con patatas fritas.

Para 4 personas

1 conejo listo para cocinar

2 cebollas

3 dientes de ajo

1 manojo de verduras para sopa

150 g (5 1/2 oz) de panceta

3 c.s. de aceite de oliva

1 c.p. de harina

250 ml de fondo de caza

250 ml de vino tinto

1 manojo de hierbas variadas

Sal

Pimienta

Tiempo de preparación:
30 minutos aprox.
(más el tiempo de cocción)
Por ración: 312 kcal/1304 kJ
24 g P, 8 g G, 12 g HC

Conejo al azafrán

Para 4 personas

20 hebras de azafrán
2 cebollas rojas
3 dientes de ajo
6 c.s. de aceite de oliva
12 patas delanteras de conejo
Sal
250 ml de vino blanco seco
1 hoja de laurel
8 granos de pimienta negra
1 c.p. de pimentón
5 ramitas de tomillo

Tiempo de preparación: 15 minutos aprox. (más el tiempo de cocción y de refrigeración)
Por ración: 222 kcal/931 kJ
20 g P, 9 g G, 6 g HC

Remoje el azafrán en 4 cucharadas de agua hirviendo. Corte las cebollas en aros y pique el ajo.

Caliente 2 cucharadas de aceite y rehogue la cebolla y el ajo. Saque el ajo y la cebolla de la sartén y agregue 4 cucharadas más de aceite de oliva.

Ase la carne en la sartén durante unos 10 minutos, retírela, sazone y deseche el aceite.

Vierta el vino en la sartén para despegar el fondo del asado y deje que hierva. Agregue la cebolla, el ajo, la hoja de laurel y el agua con azafrán.

Incorpore entonces la carne junto con los granos de pimienta, el pimentón y el tomillo lavado. Cubra con agua de modo que la carne asome ligeramente, tape y deje cocer a fuego lento durante 1 hora, aproximadamente.

Disponga la carne en cuencos individuales y reparta la salsa. Si ésta ha quedado demasiado líquida, deje que reduzca un poco.

Para 4 personas

3 cebollas

100 g (3 1/2 oz) de champiñones frescos

3 zanahorias

100 g (3 1/2 oz) de bulbo de apio

8 filetes de ciervo finos de 75 g (2 1/2 oz) cada uno

Pimienta

8 lonchas de tocino entreverado

8 ciruelas pasas

8 albaricoques secos

12 mitades de nuez

2 c.s. de aceite de oliva

1 hoja de laurel

5 bayas de enebro

400 ml de fondo de caza

250 ml de vino tinto seco

Tiempo de preparación:
25 minutos aprox.
(más el tiempo de cocción)
Por ración: 863 kcal/3625 kJ
50 g P, 39 g G, 71 g HC

Filetes de ciervo rellenos

Corte las cebollas en aros y los champiñones en láminas. Limpie, lave y pele las zanahorias y el apio y córtelos en dados.

Sazone los filetes con pimienta. Cubra cada uno con una loncha de panceta, unos cuantos champiñones, aros de cebolla, una ciruela, un albaricoque y 2 mitades de nuez. Enróllelos prietos y átelos con hilo de cocina.

Ase los rollitos en el aceite. Agregue los dados de zanahoria y apio y rehogue brevemente. Incorpore la hoja de laurel, las bayas de enebro, el fondo de caza y el vino, remueva y añada por último la nata. Salpimiente.

Cubra con una tapadera y deje cocer durante 40 minutos. Acompañe este plato con pasta y compota de pera.

Para 4 personas

1 1/2 kg (3 1/4 lb) de espalda de corzo

Pimienta

Sal

Cilantro

100 g (3 1/2 oz) de lonchas de panceta

2 cebollas

5 bayas de enebro

100 g (3 1/2 oz) de nata agria

2 c.s. de harina

Tiempo de preparación: 25 minutos aprox. (más el tiempo de cocción)
Por ración: 268 kcal/1127 kJ
42 g P, 9 g G, 4 g HC

Espalda de corzo

Precaliente el horno a 225 °C (440 °F). Aderece la carne con pimienta, sal y cilantro. Cubra la placa del horno con la mitad de las lonchas de panceta, ponga encima la carne y cúbrala con el resto de la panceta.

Pele las cebollas y córtelas en cuartos. Machaque un poco las bayas de enebro y agréguelas a la carne junto con la cebolla. Hornee a 200 °C (390 °F) entre 45 y 60 minutos. Cada vez que el fondo empiece a tornarse marrón, agregue un poco de agua caliente.

Saque la carne del horno, deshuésela, córtela en rodajas, vuelva a ponerla al lado del hueso y manténgala caliente. Agregue agua al fondo del asado hasta obtener unos 400 ml de líquido en total. Mezcle la nata agria con la harina y espese el fondo con la mezcla.

Chuletas de corzo con mousse de castañas

Precaliente el horno a 200 °C (390 °F) . Con ayuda de un cuchillo practique una cruz sobre el lado plano de las castañas y áselas en el horno a la temperatura indicada. A continuación, pélelas, incluyendo la piel interior, y tritúrelas. Hierva la leche con la vainilla azucarada. Mezcle las yemas con la mitad del azúcar, incorpore a la leche y lleve a ebullición. Deje enfriar.

Una vez fría, agregue el puré de castañas y el ron. Bata las claras a punto de nieve junto con el resto del azúcar. Monte la nata y entremezcle con las claras suavemente para que no se bajen. Guárdela en la nevera unas 3 horas para que se endurezca.

Caliente aceite en una sartén y fría las chuletas 3 o 4 minutos por cada lado. Salpimiente y deje enfriar. Sirva las chuletas de corzo con una cucharada de mousse de castañas y algunos gajos de manzana caramelizados.

Para 4 personas

200 g (7 oz) de castañas
75 ml de leche
1/2 c.p. de vainilla *bourbon* azucarada
2 yemas
2 c.s. de azúcar
1 cl de ron
2 claras
125 ml de nata líquida
Aceite de oliva
8 chuletas de corzo
Sal, pimienta
Gajos de manzana caramelizados

Tiempo de preparación:
25 minutos aprox.
(más el tiempo de cocción y de refrigeración)
Por ración: 393 kcal/1649 kJ
18 g P, 18 g G, 39 g HC

Redondo de ciervo con crema de arándanos

Para 8 personas

1 pierna de ciervo deshuesada
Sal
Pimienta
5 bayas de enebro
Aceite par freír
3 cebollas
5 zanahorias
4 chirivías
2 ramitas de tomillo
1 hoja de laurel
2 c.s. de concentrado de tomate
750 ml de vino tinto fuerte
500 ml de fondo de caza
Harina para espesar
2 c.s. de jerez
1 c.s. de miel
6 c.s. de compota de arándanos
200 ml de nata montada

Tiempo de preparación:
20 minutos aprox. (más
el tiempo de cocción)
Por ración: 429 kcal/1800 kJ
35 g P, 17 g G, 18 g HC

Precaliente el horno a 220 °C (430 °F). Aderece la carne con sal, pimienta y las bayas de enebro troceadas. Caliente un poco de aceite en una rustidera y ase la carne a fuego fuerte por los dos lados. A continuación, póngala en el horno a la temperatura antes indicada durante 30 minutos.

Lave, pele y trocee las cebollas, las zanahorias y las chirivías. Lave el tomillo y escúrralo. Incorpore a la rustidera las verduras, el tomillo, el laurel y el concentrado de tomate y saltee. Cuando las verduras estén bien doradas, agregue el vino. Tape la rustidera y deje que cueza durante 1 hora.

Saque la carne y manténgala caliente. Vierta el fondo de caza en la rustidera para despegar el fondo del asado, deje que hierva y espéselo con harina. Después páselo por un chino y aderécelo con jerez.

Unte la carne con la miel y déjela en el horno muy caliente entre 3 y 5 minutos para que se forme el glaseado. Mezcle los arándanos con la nata montada y sirva aparte. Como acompañamiento recomendamos servir patatas cocidas.

Índice de recetas

A

Albóndigas con dátiles y almendras 72
Albóndigas de buey 99
Albóndigas de carne con tomate 134
Albóndigas de hígado 62
Albóndigas turcas 84
Alas de pollo en salsa de naranja 226
Alitas de pollo picantes 205
Asado al Burgunder 71
Asado con salsa de vino 98
Asado de buey al Barolo 88
Asado de buey mechado 108
Asado de cerdo 67
Asado de cerdo con corteza 58
Asado de cerdo del Palatinado 51
Asado de cerdo en leche 47
Asado de ganso 218
Asado de ganso de Pomerania 233
Asado de reno con cebollas rojas 241
Asado de ternera con salsa de chocolate picante 177
Asado tirolés de cordero 127

B

Babi Pangang 48
Bistec con salsa a la pimienta 90
Bistec con setas y manzana 38
Bistec de avestruz con crema de cacahuete 221
Brochetas de carne picada 100
Brochetas de cordero a la griega 146
Brochetas de pollo con calabacines 209

C

Canapés de solomillo 37
Carne con ciruelas pasas 102
Carne con salsa de pasas 111
Carne de buey con patatas 91
Carne de buey estilo de Sechuan 95
Carne especiada 97
Carne guisada con salsa de nueces 115
Carne hervida con salsa verde 92
Carpaccio 82
Carpaccio tailandés 83
Cazuela de cordero con fideos de arroz 140
Cazuela de cordero con quingombó 156
Cazuela de menudillos 70
Cerdo con verduras 74
Chile con carne 85
Chop Suey 69
Choucroute alsaciana 64
Chuletas con albóndigas de patata y judías 161
Chuletas de cordero con romero 121
Chuletas de cordero con salsa verde 131
Chuletas de cordero marinadas 147
Chuletas de corzo con mousse de castañas 251
Chuletas de jabalí con tallarines 246
Chuletas de ternera con salsa tirolesa 171
Chuletas de ternera gratinadas 189
Chuletas falsas rebozadas 170
Codornices con boletos 215
Codornices glaseadas con boletos 204
Conejo al azafrán 248
Conejo al vino tinto 247
Conejo de campo al estilo italiano 238
Corazón de ternera al vapor 173
Cordero Biryani 136
Cordero con crosta de hierbas 159
Cordero con habichuelas 160
Cordero con olivas 150
Cordero con salsa de zanahoria 133
Cordero con tomate y alcaparras 124
Cordero Phall 135
Costillar de cordero con judías 155
Costillas a la parrilla 49
Costillas al estilo de Honolulu 54

Cuello de cerdo cocido 42
Curry de cerdo 53

E

Ensalada de conejo 237
Escalopa con provolone 184
Escalopas arrabbiata 179
Escalopas en salsa de chocolate 39
Escalopas vienesas 192
Espalda de cochinillo 50
Espalda de cordero 126
Espalda de corzo 250
Espalda de jabalí con crosta de rábano picante 245
Espirales de ternera 187
Estofado de tomates 120

F

Faisán con manzanas y puré de castañas 230
Farditos de lechuga 44
Filetes de ciervo rellenos 249
Filetes de jabalí rellenos 242

G

Ganso de san Martín flambeado 231
Gulasch 104
Gulasch de cordero 123

H

Hamburguesa de luxe 86
Hígado a la tirolesa 176
Hígado de gallina con glaseado de jerez 220
Hígado de ternera a la veneciana 194
Hígado de ternera con espárragos 168
Hígado de ternera con panceta y cebolla 165
Hígado picante 52

J

Jamón de Praga 41
Jarrete de cerdo a la berlinesa 66
Jarretes con col 61
Jarretes con judías blancas 128
Jarretes de cordero con verduras 153
Jarretes de ternera 172

K

Kebab de cordero con yogur 145

L

Linguine con ragú de cordero 130
Lomito de reno con setas a las hierbas 244

M

Medallón de ternera con puntas de espárrago 180
Medallones de cerdo en salsa de colmenillas 63
Menudillos de ternera 199
Mollejas de ternera con setas 186
Muslos de ganso agridulces 213
Muslos de pollo a la andaluza 224

N

Nidos de ternera con huevo 193

O

Ossobuco con gremolata 190

Índice de recetas

P

Paloma asada 222
Pastel de hígado 166
Paté de hígado con nueces 202
Pato glaseado en brochetas de limoncillo 207
Pato Pekín 210
Pecho de buey 117
Pecho de ternera con relleno de setas 175
Pecho de ternera relleno 195
Pechuga de pato con crosta 203
Pechuga de pintada al jengibre 219
Pechuga de pintada con chalotes y champiñones 214
Pechuga de pollo en mole 229
Pechuga de pularda con espárragos y colmenillas 228
Perdiz con manzanas caramelizadas 212
Piccata de ternera con boletos 178
Pichitos morunos 56
Pierna de alce con setas y manzanas 240
Pierna de ciervo con bayas 243
Pierna de cordero al estilo tirolés 142
Pierna de cordero al horno 158
Pierna de cordero asada 148
Pierna de cordero con castañas 154
Pierna de cordero con especias 139
Pinchitos de saltimbocca 55
Pollo al vino blanco 216
Pollo con hierbas y provolone 223
Pollo en salsa de maíz y mango 225
Pot-au-feu 79

R

Rabo de buey guisado 107
Ragú de cordero con champiñones 151
Ragú de gallina 217
Redondo con rábano picante 59
Redondo de ciervo con crema de arándanos 253
Rillette de conejo 236
Riñones de ternera con pimentón 197
Riñones de ternera en aguardiente de trigo 183
Roastbeef con plátano verde 101
Rollitos con anchoa 87
Rollitos de buey 113
Rollitos de col de Saboya 169
Rollitos de primavera 188
Rollitos de ternera 181

S

Salsa verde de Fráncfort 116
Saltimbocca alla romana 185
Saté de pollo con salsa de cacahuete 208
Sauerbraten de Múnich 110
Scaloppine alla Marsala 46
Solomillo a la siciliana 105
Solomillo al estilo indio 96
Solomillo con chorizo 73
Solomillo con colmenillas 43
Solomillo con salsa de rábano picante 114
Solomillo de cerdo con hinojo 36
Solomillo de ternera con salvia y salsa de trufa 196
Solomillo relleno 89
Sopa de carne de buey 78
Sopa de rabo de buey 81
Sosaties con albaricoques 143

T

Tas Kebab de cordero 125
Ternera con maíz y guindilla 198

V

Vitello tonnato 164